"十四五"时期国家重点出版物出版专项规划项目

食品科学前沿研究丛书

食品类专业课程思政探索与实践

孙宝国　王彦波　主编

科 学 出 版 社

北　京

内 容 简 介

本书围绕"立德树人"的教育理念，结合北京工商大学的专业特色，践行全员育人、全程育人、全方位育人，对食品类专业不同层面和路径的"课程思政"进行了探索与实践，并进行了分析与总结。本书依托食品科学与工程、食品质量与安全等国家一流本科专业，选取了部分课程中的"思政"案例，用科学的方式、充实的内容展示了"课程思政"的主题、意义和效果等，将育人理念内化到了培养目标、课程内容和教学方法中，为进一步构建课程思政长效运行机制和提高高校人才培养质量提供借鉴，同时也为持续实施与深化专业"课程思政"提供参考。

本书可供食品类及相关专业教师和学生参考阅读，同时也可以作为食品相关从业人员的参考书。

图书在版编目（CIP）数据

食品类专业课程思政探索与实践/孙宝国，王彦波主编. -- 北京：科学出版社, 2024. 9. --（食品科学前沿研究丛书）. -- ISBN 978-7-03-079241-9

Ⅰ. G641

中国国家版本馆 CIP 数据核字第 2024CL6598 号

责任编辑：贾　超　李丽娇/责任校对：杜子昂
责任印制：徐晓晨/封面设计：东方人华

科 学 出 版 社 出版
北京东黄城根北街 16 号
邮政编码：100717
http://www.sciencep.com
北京天宇星印刷厂印刷
科学出版社发行　各地新华书店经销

*

2024 年 9 月第 一 版　　开本：720×1000　1/16
2025 年 1 月第二次印刷　　印张：14 3/4
字数：220 000

定价：80.00 元

（如有印装质量问题，我社负责调换）

丛书编委会

总主编： 陈　卫

副主编： 路福平

编　　委（以姓名汉语拼音为序）：

本书编委会

主　编：孙宝国　王彦波

副主编：王　蓓　张　婵　郑喜姣

委　员（按姓氏笔画排序）：

马铁铮	马爱进	王　颖	王　静	王子元	王少甲
王成涛	王丽金	王金鹏	王振华	王鲁娜	尹　胜
叶高琪	丛艳君	宁方建	毕　爽	朱运平	仵雁北
任　欣	刘　洁	刘　野	刘英丽	刘国荣	刘泽龙
刘慧琳	许朵霞	孙啸涛	芦　晶	李　妍	李　健
李　赫	李　璐	李秀婷	李金旺	李洪岩	李微微
杨春花	杨雪莲	肖俊松	何亚荟	邹　欣	邹婷婷
张　雨	张　明	张　敏	张婧婕	张婉玉	张慧娟
陈　伟	陈　洲	陈存社	范光森	郁永辉	郑玲燕
孟　琦	赵　芬	赵　亮	赵　磊	赵国萍	郝　帅
胡燕霞	郦金龙	侯殿志	袁栋栋	贾英民	徐友强
奚　宇	高　菲	郭天洋	曹雁平	曹锦轩	龚凌霄
梁　杉	韩　冬	程　雷	曾　黉	曾祥权	路士熠
谭　晨	熊　科	熊　慧	滕雯迪		

序 言

"课程思政"是对大学课堂教学改革的基本要求，是推进社会主义核心价值观建设的重要抓手。习近平总书记在党的二十大报告中提出"全面贯彻党的教育方针，落实立德树人根本任务，培养德智体美劳全面发展的社会主义建设者和接班人"。以党的二十大精神为指引，"课程思政"建设也进入了全面跃升的新阶段，食品类专业同样也不例外。在食品类专业教学中深入挖掘并融入思政元素，对丰富食品类专业教育内涵、拓宽食品类专业教育维度、全面落实立德树人根本任务，均具有重要的现实意义。

北京工商大学高度重视食品类专业的"课程思政"建设，将其纳入学校的大思政教育体系中，并贯穿教育教学的全过程，旨在实现全程育人、全方位育人。下辖的食品与健康学院拥有食品科学与工程、食品质量与安全、食品营养与健康、酿酒工程、香料香精技术与工程等五个本科专业，其中食品科学与工程、食品质量与安全和酿酒工程三个食品类专业为教育部国家级一流本科专业建设点。依托食品类专业优势，结合学校"工商融合，双轮驱动"的学科专业布局定位和建设思路，学院努力探索教育教学数字化转型，经过多年的育人探索与实践，基本构建了全面覆盖、类型丰富、层次递进、相互支撑的课程思政体系，培养学生树立正确的世界观和价值观，使之能够拥有批判性思维、社会责任感和创新意识，建设成果显著。

全面推进"课程思政"建设是落实立德树人根本任务的战略举措，高校"课程思政"元素已成为近年来高等教育中备受关注的热点话题。在此背景下，本书的出版意义重大，既是对长期以来北京工商大学食品类专业"课程思政"育人历程的实践和经验总结，也是深入贯彻落实习近平总书记关于教育的重要论述和全国教育大会精神，积极践行教育部《高等学校课程思政建设指导纲要》的具体体现。本书中，各位专业教师结合"课程思政"实践提出了不少新观点、新思路和新方法，深入挖掘了各类课程和教学方式中蕴含的思想政治教育资源，旨在让学生通过学习努力成为德智体美劳全面发展的社会主义建设者和接班人。本书的出版可为食品类专业教师基于"课程思政"建设全面构建全员、全程、全方位的育人大格局提供参考和借鉴，切实发挥好每门课程的育人作用，提高高校人才培养质量。在此，我再次向大家推荐本书。

金征宇

中国工程院院士

教育部食品科学与工程类专业教学指导委员会主任委员

目　录

理　念　篇

实　践　篇

探 讨 篇

理 念 篇

课程思政：遵循内在逻辑，拓宽育人路径

摘　要：课程思政是构建高水平专业人才培养体系的重要实践，结合对专业课程思政的目标、内容及实施路径的分析，提出加强新形势下对大食物观、生态文明视野的分析，通过师生合力，形成具有食品相关专业特征、时代特点的课程思政经验。

关键词：课程思政；路径分析；大食物观；生态文明

党的二十大报告强调，"教育是国之大计、党之大计。培养什么人、怎样培养人、为谁培养人是教育的根本问题。育人的根本在于立德。全面贯彻党的教育方针，落实立德树人根本任务，培养德智体美劳全面发展的社会主义建设者和接班人"。课程思政作为落实立德树人任务的重要途径，核心在于以明确的目标为引领，将思政与专业有机融合，实现育人和育才的统一。高校必须以课程思政为抓手，拓展思政教育的视野，寓思政教育于所有课程，从观念突破、队伍扩充、载体拓展、内容丰富和方法创新等方面，将立德树人根本任务落到实处，实现全员育人、全程育人、全方位育人。

一、专业课程思政的内在逻辑

课程是人才培养的基本单元。课程思政作为对高等教育人才培养规律的新认

识，是新时代高校构建高水平人才培养体系的重要实践，是学校对专业内涵的丰富和拓展，为专业建设提供了重要遵循。当前，课程思政建设已经进入一个新的发展阶段，必须遵从人才培养的内在逻辑，结合新时代高水平人才培养体系的要求、结合食品专业建设与发展，赋予课程思政相应的内涵，在专业框架下深化课程思政建设。

（一）课程思政目标设定要符合专业学生的思想特点

思政目标的设定首先要契合大学生的身心发展特点及特定阶段的矛盾、困惑，尤其是要结合我国当前的高考改革过程中学生的化学基础存在一定地区差异的实际，依托专业导论、基础化学等课程，充分调动专业教师队伍的积极性、主动性，以专题讲座、实习实践等形式，围绕工匠精神、科学态度等核心形成具有食品专业特征的课程思政目标，让学生对结合食品专业特点的思政问题能感受、能体验，保证思政教育不脱节、不断层，使课程思政目标落到实处。其次是要注重专业学习的价值与社会责任感的培养。结合不同学习阶段的特点，针对不同课程的要求，努力形成课程思政全覆盖。例如，要根据食品生产、加工、消费的不同环节，结合食品营养、安全、健康的不同主题，围绕人类的生命健康、社会经济与国家战略，结合科学精神、专业底线等内容，在不同的专业课程中针对绿色生产、技术进步、科学消费的理念，引导学生敢于思考、敢于创新，增强民生意识、法治意识和国家安全意识，坚定其作为食品相关专业人才的历史使命和责任担当。

（二）课程思政过程实施应符合专业发展规律

课程思政过程的实施可以从以下方面着手。一是结合专业建设与发展的目标进行合理分析与实施。食品相关专业培养目标在于培养学生具备较扎实的自然科学基础知识和科学与工程方面的基本理论、基本知识和基本技能，具备对食品新产品、新工艺和新技术的研究和开发及工程设计能力，能更好地从事科学研究、产品开发、工艺设计、技术管理等工作，保障人们的饮食安全、提高食品质量、推动食品行业的可持续健康发展，从而全面提升人民生活的幸福感。因此，要结合专业特点，从教材选用、教案编写、教学设计等各个环节，引入、融入最贴切的思政内容，将理论知识转化为案例，通过案例分析等方式训练学生的应用思维和方法。二是课程思政内容不能只是简单说教，要因势利导，充分利用专业课程的特点，如实习、实验、实践教学环节，引导学生通过现实情境的体验理解专业知识所蕴含的原理以及价值理念，如职业伦理教育，可以贯穿于四年的大学学习，体现于课程学习、实习实践、论文撰写等不同方面，结合学习内化、现身说法、亲身体验，使之真正内化于心。

（三）课程思政价值引领要符合人才培养规律

课程思政的直接目的在于培养既具有专业知识又具有道德良知的人才，即知识本身与人的关系，决定着"该不该做""值不值得做"，知识生产过程中是否秉持科学精神，决定了"如何去做"。这些要求都从不同层面确定了"培养什么人"的道德规定，体现着专业人才的个体品质。因而，在具体的教学过程中，必须解决"教什么"的问题。于是，结合食品相关专业新工科建设的要求，坚持面向未来培养人才，关注学生创新创业潜质应该成为课程思政的重点。结合新兴产业和新经济需要，培养胸怀科技报国理想，勇担民族复兴大任，共创人类美好未来的卓越工程人才，需要引导学生在专业学习的过程中正确评价和判断所学知识的价值，以增强学生理想信念和民族自信为切入点，结合专业知识，讲深讲透"中国共产党为什么能、中国特色社会主义为什么好、马克思主义为什么行"，激发学生爱国情、责任感和自信心，牢固树立与祖国、与人民"同呼吸、共命运"的自觉意识，从而促进他们形成科学合理的世界观、价值观和人生观。

二、课程思政内容的生成路径

加强食品相关专业的课程思政建设，不仅要结合具体课程，更要从专业建设的内涵挖掘课程思政的要素，从食物与人类文明的角度探讨具体的内容，使学生具备广阔的视野。

（一）专业内涵：专业课程建设中的大食物观

大食物观就是要放眼整个自然系统，以现代科技为支撑，全方位向耕地、森林、海洋要食物来源，同时优化食物结构，不断提升食物安全。一是拓展食物来源的途径。在维持生态系统整体安全的条件下，科学地利用丰富的草地、林地和海洋资源，为人类提供富含蛋白质、纤维、微量元素等营养素的物质，推进草地、林地、海洋资源的可持续利用。二是促进食物供给观念转变。随着我国城乡居民收入不断提高，饮食消费和膳食习惯也发生大转变，人民群众追求更加合理、均衡、健康的饮食。要通过推进供给侧改革，抓好肉禽蛋奶、蔬菜水果等重要农产品的生产，推动食物供给多元化转变。三是树立食物边界意识。流行病学的调查显示，食用过野生动物的人群，一定时期内体内血清呈阳性的比例明显高于正常人群。因此，基于食物本身的安全角度和人与食物关系的考虑，我们都应具备防范食物潜在风险的意识。四是推进全方位食物安全。要在保证"吃得饱"的同时，不断满足人们对"吃得好，吃得健康"的追求，推动食物的数量供给、质量安全、营养健康、生态环保等环节的高质量发展。

发达国家的经验提示我们，食物生产过程的绿色环保本身也是对经济发展的一种补充。例如，减少使用化肥、农药等粗放式生产，既减轻了食物生产过程中对环境的压力，也是技术升级对生产品质与效率的促进，还在很大程度上提升了相关人才的从业水平。同时，全球化的食品协同生产的方式，也给食源性疾病的流行提供了可能。例如，来自欧洲的被二噁英污染的饲料，几周就能到达世界各地，而其产生的影响需要更长时间的评估才能显现。因此，如何以环保生产的理念指导食物生产，加强食品污染的监测，提升全球食品贸易过程中的风险评估，及时研判食品工业化进行中可能遇到的危害并提出干预措施，有效减少或预防食品安全事故的发生将是食品安全需要及时面对、研究的关键问题。

新冠疫情让消费者的生活状态和生活需求产生了很多变化，越来越多的消费者更加注重食品的安全品质。这些变化将对消费者的食物选择产生持续、稳定的影响。伴随对健康的关注，相关消费调查显示，一半以上的消费者，愿意支付更多的费用来购买致力于良好的社会与环境影响的企业所推出的产品或服务。而食品领域，绝大多数企业也希望在食品生产中能更加注重环保意识。食物背后的资源环境代价也迫切要求我们构建绿色、健康、可持续的食物消费模式。2021 年 4 月 29 日，第十三届全国人民代表大会常务委员会第二十八次会议通过了《中华人民共和国反食品浪费法》，倡导厉行节约、反对食物浪费。食物浪费对社会可持续发展、环境效应的影响也逐渐成为研究所关注的重点。该法的颁布也为防止食品浪费，保障国家粮食安全，弘扬中华民族传统美德，践行社会主义核心价值观，节约资源、保护环境，促进经济社会可持续发展做出了巨大贡献。

（二）全球视野：可持续发展思路下的生态文明观

生态文明的建设，目的是要在全社会确立绿色的消费理念，是对人与自然和谐关系的深刻把握，是对真正意义的高质量生活的追求。《国务院关于积极发挥新消费引领作用 加快培育形成新供给新动力的指导意见》指出："消费是最终需求，积极顺应和把握消费升级大趋势，以消费升级引领产业升级，以制度创新、技术创新、产品创新满足并创造消费需求，有利于提高发展质量、增进民生福祉、推动经济结构优化升级、激活经济增长内生动力，实现持续健康高效协调发展。"因此，要从消费认知与理性的角度开展教学内容。尤其是食物的消费，在符合人的健康需要和发展要求的基础上，要从促进经济和社会发展、追求人与自然和谐进步的角度，优先选择环保、没有污染和有害物质的绿色食品。

梳理过去几十年全球食物系统，我们不得不思考为了提供廉价卡路里而付出的环境与健康代价。首先，对自然资源开发过程中的不合理利用，尤其是城市化和工农业高度发展而引起的污染，直接导致了食物生产的不安全问题。主要包括食物生产、加工、流通等环节中无意的污染，生产、加工、储藏等环节中为满足特定要求而有意加入的食品添加剂等。后者显而易见是可以人为进行控制的，而前者多数情况下有着极大的物质不明确、风险不确定性。这都为食品安全的预防与控制带来了更多的挑战。

其次，由于食物系统集约化、工业化等生产方式，迫使农药、抗生素等成为保障食品供给数量的重要手段。例如，在农作物种植过程中，各种各样除草剂的使用在提高生产效率的同时，大量、不规范、超范围使用现象也给环境带来了不小的负面影响。规模较小的养殖场或散养农户通过在饲料中添加抗生素以预防奶牛疾病等，也直接导致了抗生素的残留。食物生产过程中农药、抗生素等的大量使用，导致此类化学物质可能沿着食物链进行传递，从而影响食物安全，危害人体健康。如臭名昭著的滴滴涕（DDT），虽然在预防疟疾等疾病方面发挥了重要的作用，但其在食物链中的传递对动物甚至人体产生的影响也难以消除。

最后，生态环境中某些物质的富营养化导致相应的化学物质出现环境过载，从而影响食物的安全生产、营养品质，对人类自身的饮食也产生了相应的安全威胁。一方面，人类的活动导致环境变化，如水体的富营养化，而其中许多藻类能分泌、释放可能对人体产生危害的物质。另一方面，富营养导致环境水体品质下降，也将影响水产等的养殖，从而影响产品品质甚至产生食品安全问题。

三、专业课程思政建设的着力点

加强课程思政建设，要主动设计、积极推进，从食品专业人才培养方案的修订出发，深化专业建设，更新和完善教育教学体系，不仅达到让学生通过学习，掌握事物发展规律的目标，更促进了学生努力成为德智体美劳全面发展的社会主义建设者和接班人，支撑高质量专业人才的培养。

（一）加强专业思政设计与教师培养是专业课程思政建设的"主心骨"

学院层面课程思政要长效、高效推行，重点在每位专业教师、各专业课堂，学院党委需要进行系统的顶层设计与统筹规划，对课程思政工作进行研究和部署，制定课程思政建设规划，协调各项具体任务的落实与实施，促进各项任务的细化落实，为课程思政的建设赋能，做好统筹谋划"总协调"。同时，以大思政观为引领，牢固树立专业教师的共同体理念。专业教师的理想信念、专业学识等都将通过课堂内外影响学生的成长。在加强专业教师思想政治素质与业务能力的同时，也要注重持续提升教师职业素质与水平。通过质量评价体系和激励机制的建设，将专业课程思政的实施延伸到教师绩效考核、职称评定等环节中，引导、督促专业教师全过程自觉参与到思政教育的过程中，从而发挥专业思政与课程思政的合力，强化专业教师"为党育人、为国育才"的使命担当，建强教师队伍"主力军"。

（二）围绕专业课程思政课堂教学，筑牢课程思政示范的"主阵地"

课程思政强调的是思政元素自然融入到专业课程中，如盐化水，润物无声。要用好课程教学的主渠道，深入挖掘各门课程的思政元素，形成课程-课程群、专业-专业群的综合设计，立足实际学情，把握重点难点，重构教学内容，从而进行靶向突破与提升。要围绕"立德树人"的根本任务，通过创新教学设计开展教学活动。从课堂教学模式、课堂教学管理体系、课堂教学过程管理等方面，提高课程思政内涵融入课堂教学的水平。注重从课堂、研讨、实训等不同环节、不同形式的活动方面激发学生学习兴趣，让学生在课堂中受益、在课堂中成长。要将知行合一理念融入课程思政，结合多元教学方法和评价体系促进实施效果。通过课堂教学的延伸，加强对不同实践环节的要求，充分发挥学生在教学过程中的自主性和能动性，将抽象的理论转变成直观的体验，从而实现课程思政的内化。

四、结　　语

课程思政作为一种教育理念、教育方法和教学体系，承担着强化学生社会价值的自觉性和责任感，培养德智体美劳全面发展的高素质人才的自觉责任。专业课教师和思政教师同向同行，分析教学对象特征，遵循课程发展规律，优化课程思政设置，完善课程思政设计，不断探索专业知识教育过程中课程思政的有机结合的途径，将更进一步推进思政教育的育人效果。

参 考 文 献

樊海源. 2020. 高校工程文化与课程思政的逻辑阐释、价值统一和实践路径[J]. 思想政治教育研究, 36（6）: 88-92

李洪修, 陈栎旭. 2022. 知识社会学视域下课程思政的内在逻辑与实现路径[J]. 大学教育科学, （1）: 28-34

田歧立. 2023. 新时代高校全面推进课程思政建设的师德逻辑及实践指向[J]. 国家教育行政学院学报, （1）: 88-95

王华, 殷旭辉. 2022. 社会建构主义理论视域下课程思政的教学逻辑与发展路径[J]. 中国林业教育, 40（3）: 26-30

杨国栋, 马晓雪. 2022. 新文科视域下课程思政与知识传授融合的基本逻辑与实现路径[J]. 高校
　　教育管理, 16（5）: 96-105

叶湘虹, 唐智彬. 2023. 教育现代性困境视域中课程思政的历史出场与现实路径[J]. 创新与创业
　　教育, 14（3）: 145-151

张卫斌. 2020. 文化自信视野下的课程思政设计与实践——以"食品安全与伦理"为例[J]. 教育
　　教学论坛, （30）: 75-76

邹国振. 2022. "课程思政"与"思政课程"协同育人的内在逻辑及实现路径[J]. 思想政治教育
　　研究, 38（5）: 81-85

（主要执笔：王彦波　曾黉）

"课程思政"背景下教师素养和能力的提升路径
——以北京工商大学食品科学与工程类专业为例

摘　要： 全面推进课程思政建设，教师是关键。在不断完善高校治理体系的教师评价中，从树立理念、实施举措、育人成效等方面，提升课程思政建设的专业教师素养和能力，是回答"培养什么人"首要解决的问题。针对北京工商大学食品科学与工程类专业教师的思政素养和专业融合能力提升，提出课程设计、内容重构、课堂教学等三个环节的实施路径，以期为高校新工科建设背景下课程教学改革提供思路和借鉴。

关键词： 课程思政；教师素养；能力提升；实施路径

一、课程思政的背景与意义

习近平总书记关于高等教育课程思政有诸多论述，早在 2016 年 12 月全国高校思想政治工作会议上，他提出"其他各门课都要守好一段渠、种好责任田，使各类课程与思想政治理论课同向同行，形成协同效应"。2018 年 9 月全国教育大会上，进一步阐明"要把立德树人融入思想道德教育、文化知识教育、社会实践教育各环节"。2019 年 3 月在学校思想政治理论课教师座谈会上，指出"要坚持显性教育和隐性教育相统一，挖掘其他课程和教学方式中蕴含的思想政治教育资源,实现全员全程全方位育人"。2021 年 4 月在清华大学考察时,明确提到"教师要成为大先生,做学生为学、为事、为人的示范,促进学生成长为全面发展的人"。

教育部 2018 年印发《关于加快建设高水平本科教育全面提高人才培养能力的意见》、2020 年印发《高等学校课程思政建设指导纲要》(以下简称《纲要》),明确了课程思政的内涵,要求全面推进高校课程思政建设。中共北京市委教育工作委员会、北京市教育委员会 2021 年印发《全面推进北京高等学校课程思政建设工作方案》,在全市高校、全部专业中全面推进课程思政建设。

高等学校的根本任务是立德树人,以为党育人、为国育才为根本目标,不断提升对强国建设的支撑力和贡献力。落实立德树人根本任务,须将价值塑造、知识传授和能力培养三者融为一体。在全面推进课程思政建设中,就是寓价值观引导于知识传授和能力培养中,帮助学生塑造正确的世界观、人生观、价值观,这也是人才培养的应有之义。专业课程是思政建设的基本载体,新时代的高校教师需要深入梳理专业课教学内容,结合课程特点、思维方法和价值理念,深入挖掘课程思政元素,在推进习近平新时代中国特色社会主义思想铸魂育人、培育和践行社会主义核心价值观、加强中华优秀传统文化教育、深入开展宪法法治教育、深化职业理想和道德教育等方面,将其有机融入到课程教学,达到润物无声的育人效果。

二、教师素养和能力提升的必要性

中共中央、国务院于 2020 年 10 月印发了《深化新时代教育评价改革总体方案》,提出致力于提高教育治理能力和水平。《纲要》中也明确指出"建立健全课程思政建设质量评价体系和激励机制"以及"加强课程思政建设组织实施和条件保障"。在课程思政建设中，随着评价机制、激励机制和监督机制等外部制度的健全，树立教师课程思政的教育理念，促进专业教师在思政元素挖掘和思政能力培养中发挥积极性、主动性，才能最终提升课程思政的实施效果。

教师不仅要教书，同时要育人。先进教育理念和前沿教学内容，只有通过好的课程才能真正作用于学生，提高人才培养质量。专业课程是高等学校课程思政建设的基本载体，教师以"培养什么人"为根本导向，以促进学生成长为出发点和落脚点，结合学科、专业以及课程定位，增强课程育人功能，解决好课堂教学这个主渠道，夯实课程思政的建设基础，才能最终实现课程教学质量的提升。

专业教师需要不断完善与课程相关的多方面知识储备，将所感所悟融入课堂教学，在传授专业知识的同时提升学生的个人修养与专业素养。教育观念的更新，教学内容、方法的运用和改革，与教师的素养密不可分。教育强调的是全方位育人，课程蕴含的思政资源极其丰富，其挖掘工作是持续的。按照"一依据、二导入、三结合、四融入"模式进行课程思政元素挖掘，即依据课程所归属或服务的学科和专业进行挖掘；在课堂教学情景中采取问题导入、案例导入的实施方式；结合学生未来所从事职业的素养要求、结合中国特色社会主义的伟大实践、结合国际国内时事进行挖掘；融入教学方案是关键、融入课堂教学是重点、融入实践教学是重要方面、融入学生自主学习是重要拓展。这些均需要专业教师的再加工。提高教师思政素养和专业融合能力，不仅是现代化教育内在的客观要求，也是社会发展的现实需要。

食品科学与工程类专业的培养目标是树立学生正确的职业道德观、价值观，培养学生的社会责任感，同时，培养学生的科学素养和创新精神。在新工科建设背景下，对专业教师的师德素养、知识素养、能力素养提出了更高要求。课程思政的核心是思政，重点是课堂，执行是教师。过去课程强调完整的学科体系，新课程理念要求教师由教学的主导者变为教学的指导者，由课程的指导者变为课程的开发者，使学生成为教学活动的主体。在课程教学中，教师应把马克思主义立场观点方法的教育与科学精神的培养相结合，用正确的思想武器来指导学生学习的正确方向，提高学生正确认识问题、分析问题和解决问题的能力。在课程讲授中，教师应注重强化学生工程伦理教育，培养学生精益求精的大国工匠精神，激发学生科技报国的家国情怀和使命担当。

三、课程思政背景下教师素养和能力提升的路径

课程思政教学的本质是德育教育，包括态度、情感、价值观等方面的内容。教师自身需不断提升道德和思想素质，才能更好地引导学生，起到榜样的作用。以课程为基础，教师应从课程设计、内容重构、课堂教学等多层次实施课程思政。

（一）教学目标中融入课程思政

课程要体现育人功能，必须明确课程所应承担的思想教育和价值引领内容，同时需要结合课程内容，以课程思政为根本导向，认真研讨培养方案，制定课程教学大纲。食品行业是多产业链行业，课程思政教育的总目标定位为培养学生的爱国主义精神，引导学生树立民族自信和文化自信。在食品类课程教学过程中要注重培养学生爱岗敬业、诚实守信、遵纪守法、勤奋严谨及团结友爱等职业素养。培养学生能够独立地进行科学思辨，提升学生的创新意识。引导学生深刻认识食品专业对保障人民美好生活的重要意义，进而树立专业荣誉感、职业使命感以及社会责任感。

（二）教学内容融入课程思政

在明确教学目标后，结合学科内容和课程特点，将思想政治教育自然地融入到教学的各个环节，深度提炼挖掘课程知识体系中蕴含的思政元素和德育元素。应使学生认识到合格的食品科学与工程类专业人才不仅要具备专业知识，还要有

社会责任以及家国情怀，不忘初心，牢记使命，勇于承担民族复兴的历史重任，使食品专业课程成为思政教育有效推进的载体。通过建立思政案例资源库，从民族自豪感、社会责任感、工匠精神、创新精神、弘扬节俭以及持续发展等多角度出发，对于提升课程思政的建设水平意义重大。

（三）教学方法融入课程思政

教学设计和教学内容重构的落脚点在课堂教学。教师通过读书、参加培训以及与同行的交流，来提高自己的思想修养和教学能力。积极探索与课程思政相适应的教学模式，以培养学生的综合素质，适应现代社会的要求。增加案例分析、小组讨论等教学方法，增加学生的参与度和体验感，科学合理地拓展课程思政的广度、深度，突出学生的主体地位。此外，通过线上优质课程、视频等多种教学资源，拓展学习渠道，延伸教学内容，培育学生自主学习能力，培养科学探索和解决问题的能力。

四、课程思政背景下教师素养和能力提升的成效

作为一所地方高校，北京工商大学坚定不移推进分类发展和综合改革，积极构建适应新时代首都高质量发展的高水平研究型大学治理体系。牢固确立人才培养的中心地位，把课程思政建设作为全面落实立德树人根本任务的重要战略举措。在"校院整体推进、教师为主体、课程为依托"工作框架下，北京工商大学通过打造一批特色专业课程、遴选一批通识教育课程、立项一批教改项目、培养一批教学名师、建立一套评价体系等具体措施，多形式开展课程思政教学能力培训，强化集体备课和课程思政专题研讨，将思政教育融入人才培养全过程。针对专业课教师思想政治理论素养和思想政治教育能力参差不齐、专业教育与思想政治教育存在"两张皮"现象、课程间缺乏内在交流机制和平台的难点问题，北京工商大学积极探索"互联网+教育"的人才培养模式，通过与新华网共建课程思政教学示范基

地，实现教学科研与传播实践互通，形成独特的"双轮驱动"教研模式，把好"课程思政关"。

北京工商大学食品科学与工程类专业准确把握学校的办学定位，以推动高质量发展为主线，不断强化内涵建设，坚持特色发展、差异发展、创新发展，积极发挥服务区域经济社会发展的功能。在学校本科专业人才培养方案基于学习产出的教育模式教育教学理念牵引下，食品科学与工程类专业以中国工程教育专业认证为抓手，凝练学科特色，主动对接首都"四个中心"建设和北京高精尖产业发展需要，在课程目标、课程内容、教学评价等以学生为中心的持续改进中，进行了深入的课程改革。

北京工商大学通过建设课程思政优质特色专业课程，以修订教学大纲、设计典型案例、创新教学方法、改革考核方式、加强实践环节等举措，充分挖掘课程的思政元素，在专业课程中寻找爱国情怀、法治意识、社会责任、文化自信、工程伦理、工匠精神等相关知识"触点"，探索"知识传授与价值引领相结合"的有效路径，提炼一系列可推广的课程思政教育教学改革典型经验和特色做法，形成良好的示范和辐射效应。通过开展丰富多样的专题培训活动，将课程思政建设内容和要求纳入新教师岗前培训和微课教学演练、教师在岗培训和师德师风、教学能力等培训中，邀请名师开展现场示范教学，定期开展课程思政教学经验分享会，不断提高教师课程思政教学能力。

通过教师"用心"做课程思政建设的倡导者，"用力"做课程思政建设的践行者，"用功"做课程思政建设的研究者，教师队伍课程思政的政治自觉、思想自觉、行动自觉明显提高，广大教师将知识传授—能力培养—思想引领有机融入到了每一门专业课程教学的全过程。课程思政建设永远在路上，通过不断提升专业教师的思政素养和专业融合能力，深入挖掘专业课程和教学方式中蕴含的思想政治教育资源，课程思政"表面化""硬融入"问题终将破解。

参 考 文 献

韩宪洲. 2020. 课程思政方法论探析——以北京联合大学为例[J]. 北京联合大学学报（人文社会科学版），18（2）：1

黄明娟，高尚武，牛立蕊，等. 2020. 核心素养与关键能力对青年教师的重要性[J]. 当代教育实践与教学研究，（3）：33

教育部. 2020.高等学校课程思政建设指导纲要（教高〔2020〕3号）[EB/OL]. （2020-05-28）. https://www.gov.cn/zhengce/zhengceku/2020-06/06/content_5517606.htm

吴岩. 2021. 全面推进高校课程思政高质量建设[EB/OL]. （2021-10-22）. https://jwch.fzu.edu.cn/fzukcsz/info/1195/1299.htm

张敏，曹显兵. 2023. 质量文化建设背景下高校课程教学评价改革的路径探析[J]. 北京教育（高教），6: 65

（主要执笔：张敏）

红色文化融入高校课程思政的时代价值和具体路径研究

摘　要：新时代，红色文化融入高校课程思政建设具有时代价值：有利于强化课程思政铸魂育人的政治导向；有助于课程思政提升大学生的价值认同；有助于课程思政培养大学生的文化自信。红色文化融入高校课程思政的主要路径：以红色文化武装专业教师，提升课程思政教育主体的红色文化素养；加强红色文化与专业教材融合，推进课程思政源头建设；红色文化融入专业课堂，优化课程思政教学内容；开展多元化的红色文化实践教学，拓展课程思政的教学方式。

关键词：红色文化；课程思政；认同

红色文化是中国共产党领导中国人民在为民族独立和人民解放的过程中所创造的文化成果，包括红色的物质文化和红色的精神文化。红色文化体现着中国共产党人的使命和初心，是中国共产党和中国人民宝贵的精神财富，是新时代大学生全面发展的重要精神动力。高校推进课程思政建设，培养民族复兴的时代新人，需要开发红色文化作为优质教育资源。习近平总书记指出，革命传统教育要"既注重知识灌输，又加强情感培育，使红色基因渗进血液、浸入心扉"。因此，在建设高校课程思政中，充分挖掘红色文化的价值立场、思想内涵和本质要求既是践行习近平新时代中国特色社会主义思想的必然要求，又是落实课程思政立德树人根本任务的关键所在。

一、红色文化融入高校课程思政的时代价值

红色文化因诞生于革命战争时期，天然蕴含着艰苦奋斗、自强不息、为国为民、不畏艰难的一系列价值观，具有很强的政治引导和价值塑造的功能。

（一）有利于强化课程思政铸魂育人的政治导向

正确的政治导向是课程思政首要的教育目标。红色文化作为中国特有的精神力量，是中国共产党的精神体现，承载着中国共产党人为实现中华民族的独立、富强而努力奋斗的初心。习近平总书记指出：红色是中国共产党、中华人民共和国最鲜亮的底色，在我国 960 多万平方公里的广袤大地上红色资源星罗棋布，在我们党团结带领中国人民进行百年奋斗的伟大历程中红色血脉代代相传。每一个历史事件、每一位革命英雄、每一种革命精神、每一件革命文物，都代表着我们党走过的光辉历程、取得的重大成就，展现了我们党的梦想和追求、情怀和担当、牺牲和奉献，汇聚成我们党的红色血脉。红色文化蕴含着历史精神的同时也体现着时代价值，对社会主义现代化建设具有重要的意义，具有很强的传承性，也体现着爱国爱党、为人民服务的政治立场，能够增强大学生的政治认同感。红色文化是中国共产党意识形态的重要组成部分。做好大学生意识形态工作事关中国共产党的执政长远性和国家的长治久安，因此，红色文化所具有的强烈政治导向是课程思政铸魂育人的内在要求，对大学生的政治导向具有重要的指导价值。

（二）有助于课程思政提升大学生的价值认同

红色文化蕴含着培育大学生价值观的丰富物质来源和思想文化来源，涉

及经济、政治、文化等各方面的广泛内容。红色文化作为一种重要资源，既包括以遗物、遗址、遗迹等革命历史遗存与纪念场所为代表的物质资源，也包括以红色精神为代表的非物质资源。这些物质资源反映了强烈的革命精神和革命思想，这些精神和思想是经过时间检验的伟大民族财富，饱含着今天的人们对先烈的怀念与敬仰，是培养大学生正确价值观的强有力的直观资源。习近平总书记强调：中国革命历史是最好的营养剂。用红色文化资源武装的大学生价值观能够有效抵制各种错误的思潮。全媒体时代，各种文化思潮充斥于媒体中，三观未定的大学生容易受各种思潮的影响而心生迷茫，比如，历史虚无主义、自由主义等社会思潮往往导致大学生价值观混乱。红色文化融入课程思政武装大学生的头脑可以提高大学生的价值辨别力，使其形成正确的价值观。

（三）有助于课程思政培养大学生的文化自信

习近平总书记在文化传承发展座谈会上的讲话中指出：自信才能自强。有文化自信的民族，才能立得住、站得稳、行得远。文化是一个民族的灵魂，文化自信是一个民族进步的不竭动力。培养青年学生文化自信是课程思政的又一个重要教育目标。红色文化以马克思主义为指导，继承于中国传统文化，产生于革命战争时期，发展于社会主义建设和改革时期。进入社会主义建设的新时代，红色文化吸收了时代的精华，历久弥新，既蕴含着厚重的文化内涵，又彰显着时代的价值，成为中国人民前进道路上战胜困难、夺取胜利的精神力量，是社会主义先进文化的重要组成部分。红色文化具有民族性、科学性和革命性，是文化自信的重要来源。青年学生汲取红色文化，追随红色文化精神，有助于坚定对自身文化的自信，从而也确保了红色江山后继有人、代代相传。

二、红色文化融入高校课程思政的主要路径

把红色文化融入到高校课程思政建设有利于提升课程思政的政治引导力和价值塑造力，有利于进一步提升高校课程思政的教育效果，从而激发大学生践行红色文化精神的主动性，增强报国为民的使命感和责任感。然而，在现实的教育过程中，还存在着对红色文化融入高校课程思政重视不足、融入机制与路径不健全等问题，致使课程思政建设未能达到预期的效果。因此，探索红色文化融入高校课程思政的主要路径具有重要意义。

（一）以红色文化武装专业教师，提升课程思政教育主体的红色文化素养

教师是课程思政建设的关键，长期以来，专业课教师主要负责专业知识和专业技能的传授，思政课教师负责思想政治教育的工作，这种教育方式固然有合理的方面，然而忽视了专业课教师在大学生德育工作中的任务。在当前建设"大思政课"强调课程思政的背景下，专业课教师与思政课教师需要同向同行，共同完成大学生的思想政治教育工作。如果教师自身的红色文化素养不高，根本不可能完成对学生有效红色教育的任务，所以，提升高校专业课教师的红色文化素养是推进红色文化融入课程思政的首要任务。

首先，研读和观看红色文化经典作品。研读红色文化的经典著作，观看红色文化的经典影视作品是专业课教师提升红色文化素养的重要途径。红色文化经典承自马克思、恩格斯的著作，经历了中国革命、建设的岁月洗礼，具有丰富的理论内涵，是马克思主义的基本原理与中国革命具体实践相结合的成果。可以给予专业课教师重要的红色文化精神滋养。观看红色文化的经典影视作品可以通过形象的艺术作品快速地给予专业课教师红色文化感受和体验。

其次，加强红色文化基地的实地考察。红色文化通过作用于人的精神世界达到教育人、感化人的目的，所以，红色文化基地的实地考察可以充分激发起专业课教师的情感，触及其灵魂，升华其思想。高校应该鼓励和组织专业课教师进行红色基地的实地考察，通过对红色建筑、红色器物以及革命人物故居参观调研，真切感受到中国共产党领导人民进行的排除万难、艰苦卓绝的奋斗历程。增强专业课教师对红色文化深入挖掘的愿望，进一步提升对红色文化的理解和感悟，促使专业课教师对红色文化的理解达到稳定而深刻的理性认识阶段，从而深刻领会红色文化的价值立场和思想基点，自觉地外化在教书育人的过程中。

最后，加强红色文化项目研究，提升课程思政教师红色文化的研究能力。扎扎实实地推进红色文化项目研究，是提升课程思政教师红色文化研究能力的有效路径。红色文化的研究不能泛泛地浅尝辄止，而要全面系统深刻地推进。红色文化研究项目不仅涉及文化的渊源、时代特征、发展变化等内容，还要从多学科的角度拓展红色文化研究的视角，同时要站在当前时代潮流中坚持守正创新，以科学的态度，以追求真理的心态，感悟红色文化的精神实质和时代意义，不断拓展对红色文化研究的深度和广度。既要看到红色文化对中国传统文化的传承与发展，又要注意把红色文化和时代特点相结合，比如全媒体的时代特点下红色文化采用何种传播方式、红色文化在多媒体技术教学中如何走进学生的内心世界等。

（二）加强红色文化与专业教材融合，推进课程思政源头建设

习近平总书记在党史学习教育动员大会上特别强调，"抓好青少年学习教育，让红色基因、革命薪火代代传承"。红色文化是党的宝贵精神财富，蕴含着丰富的思想内容。教师主体红色文化素养提升了之后，紧接着就要加强红色文化与专业课教材的融入，从源头上推进课程思政建设。目前，红色文化资源已经非常丰

富，但是和专业课的融入程度是有限的，如果想从根源上解决红色文化与专业课程的融合问题，推进课程思政建设，就需要把红色文化与专业教材融合在一起，因为专业课是课程思政建设的重要领域，也是红色文化融入课程思政的关键环节，需要把二者结合在一起形成综合性的统一教材。

首先需要加强顶层设计，组织思想政治教育专家和各专业领域的专家共同研究推进红色文化与各专业教材的适度融入，尤其是加强红色文化融入理科和工科教材，为专业课教师提供课程思政的教学依据，激发学生红色文化的学习兴趣，增强大学生的家国情怀和使命担当的责任感。比如，在数学专业的教材中可以结合我国数学家艰苦奋斗的故事，在航天航空类专业教材中可以结合我国航天的红色基因，赓续红色航天精神。

其次，将各地有特色的红色文化资源作为经典案例融入到教辅资料中。学生既能从主干教材中发现红色经典文化蕴含的力量，也能从辅导书目中体会到红色文化精神的价值和感召力，二者相辅相成、相融共促。

最后，有条件的高校也可以和当地红色文化部门合作，比如伟人的旧居、烈士纪念馆等，深入当地红色文化单位调查研究，汲取伟大人物或烈士的精神等优秀的红色文化基因，或者基于自身的红色校史，结合专业教育内容，提升红色文化的思想政治的渗透力，打造校本教材，提升教材的丰富性，以便能够在教材层面充分地挖掘红色文化，推进课程思政的建设。

（三）红色文化融入专业课堂，优化课程思政教学内容

优秀的教学内容是落实课程思政建设相关精神，提高大学生思想政治理论素养的载体。因此，打造红色文化与专业知识相融合的教学内容是推进课程思政建设的又一重要环节。习近平总书记指出，思想舆论领域大致有红色、黑色、灰色"三个地带"。红色地带是我们的主阵地，一定要守住。红色文化融入专业课课堂教学是守住红色阵地的重要途径，红色文化经过革命与建设岁月的洗

涤具有深厚的思想政治教育价值，包含着丰富的思想政治元素，用红色文化连接专业课教学和思想政治教育，可以很便捷地把思想政治教育转移到专业课程教学中。

教师要从整体上综合把握课堂教学，既要懂得红色文化的独特价值，又要把握专业课的科学真理，从而更好地优化红色文化资源与专业课的内容，创新高校课程思政教学方式。以专业性、科学性的知识内容为纵向主线，以价值性、政治性的红色文化元素为横向主线，在横向和纵向两个方向实现专业知识与红色文化知识交互融合，形成科学性与政治性的综合知识传授，实现学生思想认识上的红色文化渗透和科学知识的提升。比如，课堂上除了传授专业知识外，还可以组织学生结合专业课程内容，深入理解红色文化内涵，创作红色情景剧、观看红色影片、讲授红色故事、进行红色主题的演讲，引导学生拍摄微视频，以多种多样的方式开展红色文化教育，丰富专业课堂的红色文化思政元素。

（四）开展多元化的红色文化实践教学，拓展课程思政的教学方式

主体教育理论认为，教育是培育和完善人的主体性，使之成为时代需要的社会历史活动的主体，教育的最高价值是人的价值，教育过程必须凸显学生的主体地位。课程思政的实质就是教师和学生之间的主体性活动，因此，除了必要的价值和知识的传授外，发挥学生的主体性作用，让学生通过丰富多彩的实践活动，真切地体会到红色文化的精神鼓舞。

首先，引导学生到红色文化基地参加实践。教师以教学内容和教学目的为导向，选择红色文化基地后，可以发挥学生的积极性和主动性，让学生提前自主查阅资料。到红色文化基地后，结合参观的红色文化基地，让学生现场分享自己的感受或者教师引导学生拍成微电影等资料。

其次，激励学生将红色文化和专业课程结合起来进行创作。比如，美术设计专业的学生可以围绕红色文化资料开展文创产品的设计教学项目，引导学生实地

考察，线上线下充分查阅相关资料，挖掘当地红色资源的历史，用文创产品的相关概念、设计理念和方法设计出独特的文创产品，从而既激发了学生对红色文化的学习兴趣，也提高了学生学习专业课的水平。

最后，利用信息技术，建立虚拟红色文化基地。当前的虚拟现实信息技术可以使创设物质形态与精神形态都模拟仿真的红色文化，做到模拟历史事件的真实场景，多视角地给学生带来直观的沉浸感，提供给学生可观察、可体验类似真实的情景，使学生身临其境地感受革命事件。学生不再是学习者、参观者、旁听者，而是红色历史事件的参与者，是红色文化的学习主体，可以用多种感官感受红色历史事件，打通历史与现实隔阂，满足学生的情感体验。红色文化对于学生而言不再是抽象的故事而是看得到、摸得着、真切感受到的生动事实。

总之，红色文化是中国共产党和中国人民的宝贵精神财富，具有人民至上的价值立场，具有不怕困难、勇往直前的奋斗精神，具有热爱祖国和人民的家国情怀，契合课程思政建设的需要。因此，要充分挖掘生动多样的红色文化，推动红色文化和课程思政建设的深度融合，用红色文化精神武装青年学生的头脑，培养他们的世界观、人生观和价值观，让红色精神在青年学生的头脑中发芽壮大，使红色基因代代相传，从而有效推动课程思政建设。

参 考 文 献

胡妍妍. 2023. 使红色基因渗进血液、浸入心扉[N]. 人民日报, 2023-09-17 （4）

李飞, 王昆, 季薇, 等. 2023. 红色文化融入研究生课程思政的价值意蕴与实践逻辑[J]. 研究生教育研究, （4）: 46-52

刘宇辉. 2021. 让红色基因、革命薪火代代传承[N]. 人民日报, 2021-04-11

人民网. 2013. 习近平: 党面临的"赶考"远未结束——再访西柏坡侧记[EB/OL]. （2013-07-15）. http://m.mofcom.gov.cn/article/zt_swbqzlx/lanmuone/201307/20130700198719.shtml

习近平. 2021. 用好红色资源赓续红色血脉 努力创造无愧于历史和人民的新业绩[EB/OL].

（2021-06-27）. http://jhsjk.people.cn/article/32141593

徐中. 2023. 坚定文化自信[J]. 红旗文稿，（18）：14-17

郑磊. 2021. 用红色文化铸魂育人[J]. 红旗文稿，（22）：41-43

（主要执笔：王鲁娜　张婉玉）

实验室安全教育与管理中的课程思政探索与实践

摘 要：目前，实验室安全正从规范化向标准化管理转变，北京工商大学结合学校、学院实际情况探索出一套集课程思政、分级分类管理和信息化建设为一体的闭环式实验室安全保障模式，在轻工、食品类实验室进行了实践，以系统观念构建了从思想认识到管理实操的全链条实验室管理机制，为学校的高质量发展提供高水平安全保障。

关键词：实验室安全；课程思政；食品；系统观念

党的二十大报告中要求"提高各级领导干部统筹发展和安全能力"，习近平总书记指出"安全是发展的基础，稳定是强盛的前提"。高校肩负着人才培养、科学研究、社会服务、文化传承创新和国际交流合作的重要职能，是实现中国式现代化的重要支撑。实验室作为高校科技创新和人才培养的重要载体，是以高水平科技自立自强突破"卡脖子"难题的关键。但高校实验室存在探索性实验多、危化品种类繁和高温高压设备密等特点，导致近年来高校实验室安全事故时有发生。北京工商大学作为以食品、商科和轻工为特色的北京市属高水平研究型大学，实验室涵盖生物、化学、材料、机械、食品等多学科，具有学科交叉多、领域分布广和体量不均衡的特点；同时随着学校事业发展，已形成"本科—硕士—博士—博士后"的全面人才培养体系，研究工作也存在从验证性实验到创新性开发、从工艺改良到机理探索、从装备应用到设备创制的变革，因此，旧有"各管一段渠"的实验室管理模式已难以适应学校高质量发展的要求。

因此，北京工商大学自 2019 年设置"实验室管理办公室"，逐渐思考和形成"以课程思政促实验室文明、以分级分类保精细化管理、以信息化手段建'查—改—消'闭环"的实验室管理理念，试图以系统观念为导向，构建科学高效、不越位亦不缺位的实验室安全保障体系。

一、以课程思政促实验室文明

课程思政是新时代中国高等教育的理论创新与实践创新，是构建"三全育人"目标的重要举措，是培养新时代社会主义合格建设者和可靠接班人的重要途径。在实验室安全教育中，北京工商大学历经"实验室卫生→实验室文化→实验室文明"的转变，但卫生注重基础、文化强调宣教、文明旨在融合，实验室文明拟通过中华优秀传统文化为思想指引，打通专讲安全的枯燥壁垒，关注学生身心健康，以形象化表达实现安全理念的潜移默化。

（一）以案例为范本，课程思政润物无声

完成实验室安全相关课程整体规划和顶层设计，本科生以"大学生安全教育"慕课、研究生以如图 1 所示"实验室安全"线下必修课为载体，教学框架包括：实验室特点、安全典型案例、危化品种类和特点、常见应急处置方式、实验室安全要点等内容。在实际授课中避免思政元素的简单僵化灌输，尝试以故事化讲述和实际案例分析春风化雨，如以"一屋不扫何以扫天下""天工开物中预防瓦斯和顶板事故""宋代救生会"等案例深入浅出地增强学生文化自信，摒弃认为历史上不重科技的固有偏见；以习近平总书记"大食物观"为指引，紧紧围绕学校

龙头学科"食品科学"，在日常授课中以食醋、酱油、泡菜、酿酒等中国传统发酵食品对全人类的贡献为切入点，讲述中国故事，增强大国情怀和全球视野，进而不断提升学生的民族自豪感。

表 2 学术型硕士研究生课程设置及学分要求

类别	课程编码	课程名称	学分	学时	开课学期	是否必修
公共课	A100101	中国特色社会主义理论与实践研究	2	36	1	必修
	A100102	自然辩证法概论	1	18	1	必修
	A060101	英语 I	2	32	1	必修
	A000002	研究生学术道德规范与论文写作指导	1	16	1	必修
	A000003	实验室安全	1	16	1	必修
	A000004	心理健康	1	16	1	必修
		应修	8			
基础课	A110102	数值分析	2	32	1	必修
	A120403	轻工科学技术前沿	2	32	1	必修
		应修	4			

图 1 "实验室安全"必修课

（二）以思政为牵引，以生为本安全践行

践行习近平新时代中国特色社会主义思想蕴含的人民观，具体到实验室安全，实质上是要保障实验师生的安全。针对过往实验室安全多关注试剂、仪器和操作本身，对学生身心关注较少的现状，将安全培训从技能培训推进到"技能+意识"双注重，通过校外专家讲、校内老师讲、参加培训听等多种模式，希望以安全和文明意识为指引，增强师生的安全内驱力，实现"要我安全到我要安全"的转变，图 2 所示为近年组织和邀请北京市应急管理局、北京市生态环境局、北京市教育委员会及相关专家通过线上、线下方式培训。

图 2　近年部分实验室安全培训

聚焦学生心理健康，开展了如图 3 所示的以"调节疫情下的焦虑，护航不停摆的科研"为主题的学生心理培训，实时疏导学生的科研、学习和就业压力，实现从关注物到关注人的转变；启动如图 4 所示"实验室安全文化月"系列活动，包括安全演练、知识展、隐患排查、安全知识竞赛、主题摄影比赛、先进个人和实验室评选等内容，实现从系统观念角度提升实验室安全。

图 3　学生心理培训

图4 "实验室安全文化月"部分活动

二、以分级分类促精细化管理

按照现代管理学理念,科学化管理有三个层次:第一层是规范化,第二层是精细化,第三层是个性化。近4年,学校从实验室安全制度体系建设、安稳经费投入、专业化队伍建设完成了规范化管理,正逐渐走向精细化管理层级,其中实验室的分级分类对提高管理效率、实现实验室风险源分类辨识和潜在隐患有效管控具有重要意义。

(一)以制度为基线,保障管理有法可依

从学校层面重新梳理和完善制度体系,形成以"实验室技术安全与环保管理领导小组"为最高议事机构、以"办法+细则"为行动准则的管理模式(图5),形成了"普通危化品购买→管制类危化品购买→危化品使用管理→气瓶

安全管理→实验室分级管理→通宵实验开展→危废处置"的全流程管理闭环。在实际管理中既强调制度刚性，又兼顾科学研究的特点，实行"日常事务制度办、新鲜问题讨论办、急迫事务报备办"；同时，围绕学校龙头学科食品科学的特点，在把握食品原料申购、添加剂使用、微生物菌种筛选、营养评价加工工艺革新等实验方面，开展安全领域专题研讨和检查，在尽量少影响师生的基础上，从论文选题评估、日常库存监控和应急处置入手，不断提升安全服务科研的能力。

图 5　实验室制度建设

（二）以分级为标准，危险源的精准辨析

实验室设备种类、危化品数量、开展研究内容、高温/高速/高压装置种数等内容直接决定了实验室潜在的安全危险度。根据北京工商大学实际情况，在充分调研和厘清底账的基础上，按照危险源类别，将学校实验室分为化学类、生物类、机械类、电子类和其他类，对各类实验室定义进行了明晰，依据实验室存放或使

用的试剂耗材、仪器设备、反应过程、废弃物等方面，通过如图 6 所示的自建风险评价参照表和计算程序，将学校实验室分为四级，其中一级定义为高度危险；对不同危险度实验室明确学校、学院最低检查次数，如一级风险实验室学校每学期最少检查 4 次；二级和三级风险实验室学院每月最少检查 1 次、学校每学期最少检查 2 次；四级风险实验室由学院自行决策，提升了管理的精准性。

附件 1　化学类实验室风险评价参照表

序号	项目	权重	评价指标	给分情况
1	教学科研研究方向	25	所从事的实验是否涉及合成放热、压力实验、持续高温加热、制备有毒中间品或产品等危险程度较高的因素。	●涉及合成放热实验+5 分 ●涉及压力实验+10 分 ●涉及持续高温加热实验或有毒中间品或产品+10 分
2	危险化学品和危险废物	20	实验室是否存有或使用剧毒化学品、易制毒化学品、易燃易爆化学品；实验室每	●有剧毒化学品直接定为一级 ●有易制毒化学品（非库房）+10 分 ●有易燃易爆化学品（非库房）+5 分 ●每月废弃物产量＜1kg，+1 分；1kg＜产量＜10kg，+3 分；＞10kg，+5

附件 2　生物类实验室风险评价参照表

序号	项目	权重	评分指标	给分情况
1	病原微生物	25	一类病原微生物、二类病原微生物、三类病原微生物、四类病原微生物	●保存有一、二类病原微生物直接定为一级 ●保存有三类病原微生物，+15 分 ●保存有四类病原微生物，+10 分
2	生物材料	20	转基因生物、实验动物、传代细胞、细菌质粒等	●存在转基因生物直接定为一级 ●其余类型有 3 种以上，+20 分 ●其余类型有 2 种，+15 分 ●其余类型有 1 种，+10 分
				●有剧毒化学品直接定为一级 ●有易制毒化学品（非库房）+5 分

图 6　自建风险评价参照表

三、以信息化手段建“查—改—消”闭环

党的二十大报告中明确提出要建立“数字中国”，在《中华人民共和国国民经济和社会发展第十四个五年规划和 2035 年远景目标纲要》的全文中也多次提到“数字中国”相关的关键词，北京工商大学也正在着力推进“智慧校园”建设，其中，实验室管理系统以推动基础数据从靠脑记、依笔算、Excel 统计到基础数据智慧平台转型和实现实验管理从线下考、纸张选、检查人工核到“准入—检查”一体化的“查—改—消”（“检查—整改—消除”）系统革新为目标，驱动数字实验室的跨越式发展。

（一）以准入为突破，实现线下线上转型

长期以来，对于学生实验室安全培训后的准入评价多依靠线下组织考试进行，但面临人员多、题型少、针对性差的难题，造成培训效果难评估、实际效果难衡量和统计数据难汇总的困境，北京工商大学从 2020 年开始建立如图 7 所示"北京工商大学安全准入考试平台"。平台试题库由公共试题库、自有试题库两方面构成，包括基础类、化学类、医学生物类、特种设备类等多方面题型，准入平台与学校大数据平台对接，自动抓取学生和老师的数据，通过设置"校-院"两级组考权限，可按照考试目标自由选题、自由赋分、自主判卷、自动分析，实现评价结果数字化、可视化，未来期望实现与实验室智能门锁的联动，实现"安全评价通过、实验室准入"的自主判定，提高实验室安全的智能化水平。此外，为破解实验室危化品种类多、性质复杂、禁忌要求严的问题，生产厂家须向师生提供化学品安全技术说明书（MSDS），此说明书会标示化学品的理化参数、燃爆性能、对健康的危害、安全使用储存、泄漏处置、急救措施以及有关的法律法规等十六项内容，但高校实验室存在学生流动性大、危化品购买种类多而量少的特点，实际实验室化学品安全技术说明书存在保存难、匹配难和检索难导致束之高阁的实况，为解决上述问题，北京工商大学依托"掌上北工商"构建了如图 8 所示的掌上 MSDS 查询系统，可在线依化学品名或 CAS 检索，提高了 MSDS 助力科研、确保安全的能力。

图 7　北京工商大学安全准入考试平台

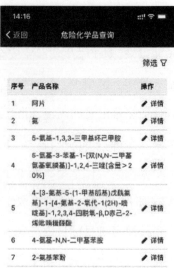

图 8　掌上 MSDS 查询系统

（二）以平台为统筹，实现检查闭环管理

传统上为确保实验室安全运行，北京工商大学实验室管理队伍会进行定期、不定期及专项检查，同时为提高检查的实际效果，还自制了如图9所示的朗朗上口的"危险化学品储存注意事项""危险废物收集暂存注意事项""气瓶气体安全注意事项"等系列实验室安全顺口溜，希望以易于传播的形式将专业化知识赋能青年学生成长。在这个过程中发现除了发挥师生能动性主观受教育外，"检查—整改—复查"的被动检查模式仍是提升师生安全意识，保障实验室安全的有力措施，实际检查中经常存在检查易、列清单易、提整改易，但真正监督整改难，经常因突发性事件导致"常规隐患在账多，突出隐患整改慢"的困境，因此，北京工商大学着力构建了实验室管理系统（图10）。系统由实验室基础信息、分级分类账、检查复核等多模块构成，可实现实验室检查任务的在线发布、二维码扫描精准检查、问题线上传导、整改定时提醒、隐患存消实时警示等功能，极大地提升了实验室检查的信息化水平，从根本上实现了安全隐患"检查—整改—消除"的动态实时监测，为学校的信息化建设提供了安全数据支撑及保障。

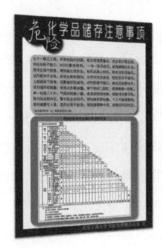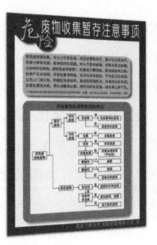

图 9　实验室安全顺口溜

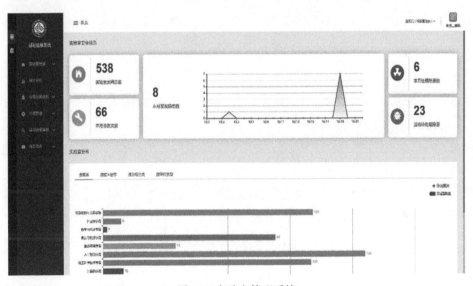

图 10　实验室管理系统

四、结　　语

习近平总书记指示"生命重于泰山""绝不能只重发展不顾安全，更不能将其视作无关痛痒的事，搞形式主义、官僚主义"，高校的实验室安全与师生生命直接相关，须站在政治高度时刻审视是否将安全意识深扎于心，是否将安全预案密切联系实际，是否可应用最新技术预判风险。作为北京市属高校，近些年北京工商大学虽然以课程思政的系统体系围绕实验室安全做了一些思考和实践，但是未来随着物联网、大数据、云计算等新兴信息技术的突破，探索将 5G 技术、VR/AR 技术、云技术、大数据技术、智能技术与影像技术的融合来实现实验室的动态感知、风险研判和应急处置正成为越来越热门的研究领域。目前，北京工商大学正在布局实施良乡新校区实验室综合大楼的智能感知系统，拟借助最新科技手段不断提升安全服务创新、安全助力科研的能力，为学校的"双一流"建设提供安全保障。

参 考 文 献

董唤唤, 王俊彦, 李文雷. 2023. 思政联盟视域下高校教务管理者服务教学的改革模式探索[J]. 办公室业务, （17）: 74-76

李艳, 罗成, 彭少君, 等. 2023. 专业思政视角下的生物化学课程思政教学实践探索[J]. 中国生物化学与分子生物学报, 39（12）: 1789-1798

刘广明, 申丹丹. 2024. 系统思维视域下高校课程思政与思政课程同向同行机制探究[J/OL]. 系统科学学报, （3）: 94-98. http://kns.cnki.net/kcms/detail/14.1333.N.20230907.1038.034.html

邵大鹏, 李倩颖, 赵灿, 等. 2023. 一种智慧教室运维模式的构建思路[J]. 实验技术与管理, 40（S1）: 85-89

邵林, 辜媛. 2023. 融媒体时代高校实验室安全教育传播策略研究[J]. 传播与版权, （8）: 99-102

徐圆圆, 曹蓓, 曹旭. 2021. "课程思政"供给侧改革视域下高校实验室安全教育体系模式思考[J]. 实验室研究与探索, 40（11）: 291-293,300

姚梦懿. 2019. 基于"课程思政"理念的高校实验室安全教育路径研究[J]. 教育教学论坛, （48）: 47-48

张海英. 2022. 课程思政理念融入高校实验室安全教育路径探析[J]. 中国现代教育装备, （23）: 113-115

张思, 曹海燕. 2023. 高校教育管理理论与课程思政融合发展路径——评《思政教育与高教发展》

[J]. 中国高校科技, （7）: 100-101

朱天菊, 任宏洋, 陈春燕, 等. 2023. 化学类实验室开放运行安全文化建设与风险控制[J]. 实验室科学, 26（2）: 177-181

（主要执笔：孙啸涛）

课程思政与思政课程协同发展的
基础和路径研究

摘　要： 课程思政与思政课程协同发展是落实立德树人根本任务的内在要求，二者协同发展的基础有三点：培育新时代国家和民族需要的人才是课程思政与思政课程共同的育人目标；马克思主义是思政课程和课程思政共同遵循的科学理论依据；思政课程与课程思政的协同发展是推进高质量"大思政课"建设的时代需要。二者协同发展的路径有四点：坚持价值引导与知识传授相结合的授课方式；统一思想，加强立德树人师资共同体建设；构建共同的科学协同反馈调节机制和检测评估机制；加强协同调研与实践。

关键词： 课程思政；思政课程；马克思主义；协同发展

课程思政与思政课程协同发展是落实立德树人根本任务的内在要求，也是提升思想政治教育效果的有效方式。习近平总书记在全国高校思想政治工作会议上强调："使各类课程与思想政治理论课同向同行，形成协同效应。"这一重要讲话精神为课程思政与思政课程协同发展提供了根本性的指导，课程思政与思政课程要通力合作、协同发展，形成思想政治教育的综合发展理念。

一、课程思政与思政课程协同发展的理论基础

虽然课程思政与思政课程具有差异性，但是二者在价值方面、政治方向方面具有立德树人的共同育人目标，能够做到相互配合、协同发展，形成一个综合性的思想政治教育有机体。

首先，培育新时代国家和民族需要的人才是课程思政与思政课程共同的育人目标。我国是中国共产党领导的社会主义国家，高校的使命是为党育人，为国育才。马克思主义和中国化的马克思主义是课程思政和思政课程共同的精神指导，在这一精神指导下，课程思政和思政课程互相配合，同向同行，共同实现培育社会主义建设者和接班人的历史任务。

思政课程主要进行深度的系统化、理论化的思想政治教育，结合当前的社会现实对大学生进行系统的世界观、人生观、价值观的塑造；课程思政主要在进行专业教学的过程中向学生传授和专业有关的思想政治教育的观点，进行主流价值观引领和人文精神激励。虽然传授知识的侧重点不同，但价值观的引导具有高度一致性。终极指向都是培养中国式现代化需要的社会主义建设者和接班人。比如，食品安全关系到人民的生命与健康，课程思政在传授关于食品安全专业知识的同时，也实实在在地表明食品安全的人民立场，这一点就是把思政课程理论化、系统化的知识形象化和具体化了，因此，二者在价值方面具有高度的一致性，这是二者能够协同发展的价值基础。

其次，马克思主义是思政课程和课程思政共同遵循的科学理论依据。中国是中国共产党领导的社会主义国家，马克思主义是党和国家的指导思想，是主流意识形态的主要内容，高校意识形态教育必须以马克思主义为根本指导，所以，马克思主义自然也是思政课程和课程思政共同遵循的科学依据。习近平总书记在哲

学社会科学工作座谈会上强调"坚持以马克思主义为指导，是当代中国哲学社会科学区别于其他哲学社会科学的根本标志，必须旗帜鲜明加以坚持"。高校积极响应党的号召，坚定不移地坚持马克思主义理论的指导地位。高校的思政课程与课程思政都在培养大学生正确的世界观、人生观和价值观。在新时代新形势下，大学生要有所作为，把个人价值和社会价值统一起来，就必须毫不动摇地坚持马克思主义的指导地位，用马克思主义理论武装大学生的头脑，从而使高校成为主流意识形态的重要理论阵地。由此可见，马克思主义理论是思政课程和课程思政协同发展的理论遵循。

最后，思政课程与课程思政的协同发展是推进高质量"大思政课"建设的时代需要。2021 年 3 月 6 日，习近平总书记在看望全国政协十三届四次会议医药卫生界、教育界委员时提出："'大思政课'我们要善用之，一定要跟现实结合起来。"习近平总书记关于"大思政课"的重要论述，对高校推进高质量"大思政课"建设具有重要的指导意义。2022 年 7 月，教育部等十部门联合印发《全面推进"大思政课"建设的工作方案》，进一步明确提出要坚持开门办思政课，充分调动全社会力量和资源，推动思政小课堂与社会大课堂相结合，推动各类课程与思政课同向同行。由此可见，建设高质量的"大思政"课是当前党和国家教育的重要任务。

建设"大思政课"就是要突破以往思政课程的小课堂，厘清思政课程与课程思政协同发展的理论关系，从而实现高校思政教育的多元化，形成"1+1 > 2"的效应，切实推进思政课程与课程思政同向同行。

二、课程思政与思政课程协同发展的实践路径

课程思政与思政课程保持同向同行，协同发展不仅有理论基础的阐释，而且要落实在实践的路径中，进而探讨出适合课程思政与思政课程协同发展的有效措

施，形成高效的协同运行系统。

第一，坚持价值引导与知识传授相结合的授课方式。思政课程与课程思政都属于社会主义的"思想政治教育"系统。毫无疑问，思政课程与课程思政都具有意识形态的重要特征，都具有为中国共产党领导的社会主义国家服务的功能。按照历史唯物主义观点，国家是阶级矛盾不可调和的产物。只要存在着国家，就存在着为统治阶级服务的意识形态。马克思主义从诞生开始就向全世界宣布了自己无产阶级的阶级立场。以马克思主义为指导的思政课程和课程思政首先都具有政治立场和价值引导的作用，旨在培养为无产阶级服务、为社会主义现代化建设服务的人才，筑牢学生的政治信仰，厚植学生的爱国情怀和民族精神，使主流价值入脑入心，从而使大学生自觉拥护社会主义制度，坚持道路自信、理论自信、制度自信和文化自信。由此可见，价值引导是思政课程与课程思政共同的课堂教学目标，也是二者协同发展的实践路径之一。需要注意的是，价值引导不是单纯的"喊口号""泛政治化"，而是要和课程本身严谨的知识体系相结合，融会贯通形成课堂教学的有机统一体。

价值是知识的引导，知识是价值的支撑。课程思政与思政课程都含有本课程自身具有的知识体系和丰富的专业内容，在价值引导的同时必须有透彻的知识体系的内容传授给学生，使价值与知识在大学生的头脑中呈现出立体化的结构，而不是单纯的片状的价值说教。单纯地强调价值则容易使价值表面化，所以，价值必须有真理性的知识体系作为学理性支撑，从而使价值更具科学性和说服力，能够以其真理性感召学生，更好地传播价值完成使命。教师在授课的时候注意在传授给学生专业知识挖掘专业真理的同时，回应时代的变化，达成价值引导的目的，从而使课程思政与思政课程高度地融为一体。以食品安全专业为例，教师在传授给学生食品安全专业知识的同时，引导学生为人民服务的价值立场，让学生明白自己的专业对人民的生命安全和身体健康具有重要的意义和责任。思政课程则要从唯物主义的角度，站在社会发展规律的高度为学生讲清楚人民是社会历史发展的根本动力。结合现实问题，在强调坚持中国共产党领导的同时，从知识体系上分析党的路线、方针、政策，让学生明白中国共产党带领中国人民走上独立富强的历程，新时代的中国要想屹立于世界民族之林，完成中华民族伟大复兴的梦想，同样离不开中国共产党的领导，这样课程思政实现了思政课程的形象化与具体化，思政课程实现了课程思政的理论化与系统化。

第二，统一思想，加强立德树人师资共同体建设。教师是教育的核心，课程思政和思政课程协同发展最终要靠教师具体实施，教师队伍的建设是推进思政课程与课程思政协同发展的关键，所以有必要使思政课程教师和课程思政教师统一认识。在大学生价值培育方面，要打破教师思想中固有的专业差异和专业隔离，形成跨学科立德树人的教师团队和思政教育的教师共同体。诚然，高校不同学科和专业在教学内容、教学方法、学科范式、专业框架、教育目标等各方面和各环节都具有较大的差异性，在教学具体的实施过程，因为教学资源的差异，教育风格的不同，教学设计和开展方式的不同，呈现出不同的教育过程和教育效果。但每位教师的授课经验和教学设计都有可取之处，有必要互通有无，相互借鉴。加强课程思政教师与思政课程教师的联动，有利于掌握思政要素的前沿动态，从思政学术前沿方面引导教师思想认识的统一。

一般而言，课程思政的教师大多对自己的专业比较精通，对于思政教育的方法和理论不太了解，需要课程思政教师与思政课程教师加强交流和合作，"以便于了解并掌握思政教育特有的育人价值导向，熟悉并遵循思政学科的教学规律和方式方法，以此提升课程思政教师的思政素养，并增强思政课程和课程思政的教育时效性"。当前背景下，一方面，课程思政的教师必须既要把握专业教育规律，又要掌握专业课程蕴含的思政教育功能，因此，课程思政的专业教师需要和思政课程的教师多交流，从而获得尽可能系统而全面的马克思主义理论知识，把这些知识结合专业发展的实际，增强对专业知识价值性和政治性的理解，从而进一步提升思想政治方面的认知，增强政治敏感性和行动的自觉力。另一方面，思政课教师也需要和专业课教师加强合作，以便于更好地了解学生的专业，有利于把思想政治理论融入学生本专业的学习中，从而更好地提升思政课堂的解释力、说服力和吸引力。

课程思政教师与思政课程教师的广泛合作将有利于思政课程与课程思政教学内容的融合发展，同时也有利于深挖课程思政的思政元素，比如，专业课程中蕴含的追求真理的精神、勇于创新的精神、求真务实的精神、爱国主义精神、奉献精神、艰苦奋斗的精神等有关资料和内容，这些都是符合主流价值观的内容，都可以成为武装大学生头脑的重要教学素材。

第三，构建共同的科学协同反馈调节机制和检测评估机制。长期以来，思想政治教育注重发挥教师的主导作用，对学生的反馈重视不足。这种做法在以往的思想政治教育中起到了重要的作用。然而，随着自媒体时代的到来，社会成员的主体意识普遍增强，主体意识很活跃的大学生群体自然需要格外关注。思想政治教育的特点是作用于学生的思想，引导学生的价值观和动机，最终要通过学生的行为反映出来，学生的行为是检验思想政治教育效果的重要依据，所以在课程思政与思政课程协同发展的过程中，要特别注意学生的反馈。快速地建立起学生和教师之间的沟通渠道，能够及时有效地进行信息沟通，以便于教师根据学生的反馈，了解思想政治教育的过程、效果和问题，及时对教育方法、教育内容、教育设计等教育环节进行调整。

然而，建立思想政治教育的反馈机制并不是一件很容易的事情，因为它涉及多个要素和系列复杂的过程，涉及高校领导、学院、教师和学生等多个主体、要素和部门。高校主管部门根据教育的目的，根据教学实际情况，运用多方面多类型的评估检测方法，制定多种评估指标，建立一套科学的协同评估机制，及时预防风险，确定有效的思想政治教育协同评估机制，从而能够快速有效地为课程思政与思政课程的教师提供有价值的数据。

第四，加强协同调研与实践。思政课程与课程思政协同发展需要在调研与实践中和社会现实结合起来，以加强对社会现实的解释力、说服力与指导性。

　　不论哪门课程进行的思想政治教育都不能单纯地依靠理论，都离不开现实的调研和实践，因此，调研与实践是课程思政与思政课程共同的教育路径。通过调研可以明确发现问题，分析问题，以问题为导向进行思想政治教育，可以达到事半功倍的效果。2023 年 2 月，中共中央办公厅印发《关于在全党大兴调查研究的工作方案》特别提到，党中央决定，在全党大兴调查研究，作为在全党开展的主题教育的重要内容，推动全面建设社会主义现代化国家开好局起好步。调查研究是课程思政与思政课程协同发展的重要实践环节，在共同调研的基础上展开系列实践教学，从而更好地推动二者的协同发展，进一步做好高校思想政治教育工作。

　　思想政治教育工作为什么要开展实践活动？实践是马克思主义的基本属性和本质要求。马克思主义哲学最显著的特点就是实践性，马克思主义教育的最终目的是在实践的基础上达到人的全面发展。19 世纪 40 年代，马克思、恩格斯在欧洲机器大工业生产和无产阶级革命都快速发展的社会背景下，在批判地继承和发展了黑格尔和费尔巴哈实践观的基础上形成了新的实践观。马克思在《关于费尔巴哈的提纲》中指出，"全部社会生活在本质上是实践的"，实践性自然也是思政课程和课程思政的本质特征。思政课程和课程思政都是在马克思主义实践观的指导下进行的，同时思政课程和课程思政互相协调可以更好地把理论教育和实践教育结合在一起。

　　思想政治教育从根本上来说，是一种主观见之于客观的实践活动。《论思想政治教育的实践性及当代价值——大学生思想政治教育实践性发展探索》中提到："……思想政治教育是关于人的思想观念与行为的发展与改造的实践活动，一定现实人的主观世界，也是在一定客观条件下形成并对客观条件产生反作用的存在，改变人的主观世界也是一种对象性活动，并且这种改变最终是为了实现对客观世界的改造"。课程思政与思政课程协同教育的效果只有在大学生的实践中才能得到检验，同时在实践中不断丰富大学生的理论知识。因此，课程思政与思政课程协同发展一定要重视开展实践教学，开展丰富多彩的社会实践活动，将课堂教学和社会实践紧密联系起来，促进课堂和实践良性发展。

总之，高校肩负着为党育人、为国育才的重要使命，在思想政治方面的教育，要充分发挥思政课程在"铸魂育人"领域中的引领作用，统筹众多专业课程中的思政因素，推进课程思政与思政课程的双向互动，使思政课程与课程思政良性发展，构建同向同行的局面，凝聚成育人的合力，达到为国育人的实际效果。

参 考 文 献

曹春梅，郑永廷. 2009. 论思想政治教育的实践性及当代价值——大学生思想政治教育实践性发展探索[J]. 思想理论教育导刊，（1）：88-91

杜尚泽. 2021. "大思政课"我们要善用之[N]. 人民日报, 2021-03-07（1）

人民网. 2016. 习近平：把思想政治工作贯穿教育教学全过程 开创我国高等教育事业发展新局面[EB/OL].（2016-12-09）. http://jhsjk.people.cn/article/28936173

新华社. 2023. 中共中央办公厅印发《关于在全党大兴调查研究的工作方案》[EB/OL].（2023-03-19）. https://www.gov.cn/zhengce/202303/content_6761259.htm

新华网. 2016. 习近平：在哲学社会科学工作座谈会上的讲话[EB/OL]. http://politics.people.com.cn/n1/2016/0518/c1024-28361421.html

张文强. 2023. 高校课程思政与思政课程协同路径研究[J]. 中州学刊，（5）：26-32

中共中央马克思恩格斯列宁斯大林著作编译局. 2012. 马克思恩格斯选集（第1卷）[M]. 北京：人民出版社

（主要执笔：杨春花）

实践篇

"课程思政"教学改革优秀案例1

食品添加剂

课程名称：食品添加剂

主讲教师：孙宝国、王蓓、赵国萍、王少甲、曹雁平

适用专业：食品科学与工程、食品质量与安全、食品营养与健康

课程类别：本科生专业必修课

一、案例主题

培养学生认识到食品添加剂对食品行业发展产生的作用，提高学生分析和解决问题的思辨能力，同时激发学生对课程、对学科的热爱及社会责任感。

二、结合章节

案例结合《食品添加剂》第一章绪论中"食品添加剂是什么""食品添加剂有什么用""正确认识食品添加剂""食品添加剂对食品质量与安全的影响""食品添加的未来发展方向"等几部分内容。

三、案例意义

近年来食品添加剂课程，根据不同阶段学生学习特点和社会需求，将课程思政元素从"学、识、用"三个层次融入食品添加剂课程的授课体系中，建立"学以识，识为用，用促学"三位一体食品添加剂特色人才培养体系，显著地提升了学生的专业认可度与社会责任感，为我国食品添加剂特色方向创新型人才培养奠定了坚实的基础。

四、案例描述

根据北京工商大学本科人才培养的要求，本课程主要教学目标有两个：目标一，使学生了解食品添加剂的基本知识，正确认识其在食品产业中的重要作用，树立大食物观，激发学生科学研究的兴趣；目标二，使学生了解我国食品的悠久历史，感受食品产业发展的巨大成就，增强民族自信心和自豪感，培养学生爱国家、爱食品、爱母校的情怀。

课程内容与课程思政形成协同效应，突出食品添加剂课程教学的育人导向，形成课程的思政理念，从日常生活中各种食品添加剂具体案例出发，提升学生的民族自豪感，同时发挥食品专业实践特色，树立学生正确的价值观，激发食品专业学生的职业道德与社会责任感，突出课程特有的思政元素。基于以上理念，将课程具体教学内容与不同思政元素自然融合，在讲授课程内容的过程中，融入我国传统食品中食育知识点与食品添加剂对现代食品工业的重要意义和学生应该具有的国际视野、创新思维、思辨特性等思政元素，依托食品添加剂相关案例库进行课程讲授。在传授知识和培养能力的同时，弘扬爱国精神，培养学生的家国情怀，激发学生学习热情，全面提升学生在新形势下的责任感和使命感，坚定学生矢志报国的信念。

本案例为《食品添加剂》绪论章节，介绍食品添加剂的基本概念、作用、公众的认识误区、对食品品质的影响和未来发展方向。让学生初步认识食品添加剂，了解其对食品的重要性，激发学生的学习兴趣。首先通过"卤水""味精""薄荷脑"等案例让学生认识到食品添加剂与食品不可分割，古今中外加工食品中都有食品添加剂。然后通过"油条制作""冰淇淋制作""无糖食品中甜味剂的使用""肉制品中亚硝酸盐的使用""蛇果打蜡"案例详细介绍食品添加剂的作用，在介绍蛇果打蜡案例中提出我国在隋文帝时期就已经发明了黄柑涂蜡保鲜技术，比国外的食品被膜剂发明时间早了近千年。增强学生对我国文化的深度认同感，传播文化自信。

接下来通过"蛇果使用被膜剂""花生油使用抗氧化剂"等5个案例介绍食品添加剂对现代食品工业的必要性，让学生理解食品添加剂使用与现代食品工业之间的关系，培养学生的思辨精神，以及解决问题、分析问题的能力。随后通过"不同口味香精的开发""味料同源"理念的形成等案例介绍食品添加剂对食品色、香、味的影响，其中"味料同源"理念是由北京工商大学研究团队首次提出，研究了以畜禽肉、骨、脂肪为主要原料的肉味香精制造技术，奠定了我国肉味香精制造的技术基础。通过学生身边的教师实际科研案例，弘扬科学家精神，激发学生的科研热情。最后通过比较国内外食品添加剂管理研发现状，介绍我国近年来在相关领域取得的重要成就，但必须承认在某些技术上还有显著差距，要引导学生树立远大理想，努力学习，将来能够为国家科技发展贡献自己的一份力量，激发学生的家国情怀。

五、效果分析

通过《食品添加剂》的课程思政实践，在课堂中通过举例介绍什么是食品添加剂，以及未来食品添加剂的发展方向，对学生进行民族自豪感及爱国主义教育，使学生充分认识并理解食品添加剂这门课的重要意义。此外，引导学生在学习专业知识的同时，更具有荣誉使命感和责任感。鼓励学生采用思辨的方法分析问题，解决问题，切实掌握食品添加剂相关的专业知识，在今后的工作中能够为我国食品工业的进一步发展做出贡献。

"课程思政"教学改革优秀案例 2

食品微生物学（食安）

课程名称：食品微生物学（食安）

主讲教师：贾英民、马爱进、张婵、陈洲、徐友强

适用专业：食品质量与安全

课程类别：本科生专业课

一、案例主题

通过介绍酿酒、制醋等文献和考古实证，进一步强化和树立学生对我国源远流长的微生物文化自信和爱国情怀，引导学生理解发酵的定义，掌握食品加工制造中主要应用的微生物。

二、结合章节

案例结合《食品微生物学（食安）》第八章《微生物与食品制造》中"食品加工制造中主要应用的微生物"内容。

三、案例意义

"食品微生物学（食安）"是食品质量与安全专业的核心专业基础课和专业必修课，是本专业本科知识体系中的关键要素。在《微生物与食品制造》章节，通过介绍酿酒、制醋等文献和考古实证，进一步强化和树立学生对我国源远流长的微生物文化自信和爱国情怀，引导学生把学习知识融入祖国建设中去，为实现中华民族的伟大复兴梦贡献力量。

四、案例描述

在第八章《微生物与食品制造》，融入介绍我国劳动人民在长期的农业生产实践中积累了丰富的微生物学知识，进而帮助学生树立民族文化自信、增强民族自豪感。

微生物用于食品制造是人类利用微生物的最早、最重要的一个方面，在我国已有数千年的历史。我们有相应的考古证据和文献实证，如殷墟出土的商代甲骨文中，有和现代汉字形体相似的字。在殷墟中发现的酿酒作坊遗址，证明早在三千多年前，我国的酿酒事业已经相当发达。在制曲技术发展的漫长过程中，还分化出专用于酿醋、制酱和腌制食品的各类曲。

酿醋是使乙醇进一步氧化成醋酸，在西方是以酒作原料进行醋酸发酵而成的。《周礼》卷六中有"醯人"的记载，"醯"是当时的醋，说明至少在两千五百年前，我国就知道制醋了。到南北朝后期（公元 6 世纪），已经有用谷物作原料固体发酵酿醋的萌芽，后来就全用谷物直接酿醋了。用谷物固体发酵酿醋，是我国酿醋方法的特点。由于曲中微生物种类多，醋中除醋酸外，还有像乳酸、葡萄糖酸等有机酸，因而醋的风味更好。

制酱，是利用曲中微生物产生的蛋白酶，把豆类、肉类等食品中含有的大量蛋白质分解成氨基酸等水解产物。这是我国首创的。据《周礼》卷四记载的"膳夫掌王之食饮膳羞，……酱用百有二十瓮"一语，可知酱大致也是在两千五百年前出现的。

随着制曲技术的发展，人们对微生物活动的认识越来越深入，观察也越来越仔细了。

我国古代已经有不少观察微生物活动的记录，有些方法和近代微生物学所采用的方法相近。因此，曲的质量不断提高，种类增多，用途也日趋专一。

例如，早在周代，王后穿的黄色礼服叫作"曲衣"，这说明当时的曲中黄曲霉已经占显著优势，使曲呈现美丽的黄色。

东汉时期，有些酿酒方法中，用曲量已经由原来的百分之几十降低到百分之几，这表明曲的用途已经由糖化发酵剂变成使所需微生物繁殖的菌种了。如果曲中的微生物不是相当纯，就难以保证酿酒的成功。

晋代已经有曲中加入中草药的记载，如嵇含著《南方草木状》中记载了两广的制曲方法：小曲原料为米粉和草药。大如卵。置于蓬蒿，1 个月即熟成。由于中草药里含有某些有助于微生物生长的维生素等，曲中的微生物能长得更好，酿出的酒也具有特殊风味。

北魏时期，曲的形式已经几乎全部是成块的"饼曲"了。这种曲，外面有利于曲霉生长，内部却有利于根霉和酵母的繁殖。

到宋代，已经知道制曲的时候把优良的老曲涂在培养前的生曲表面，即"传醅"的方法。这类似于今天的接种操作，曲的质量就更容易保证了。

正是通过千百年来的选育，我国的曲中有许多生产能力极强的菌种。例如小曲中的根霉，它的糖化力之强是罕见的。

北魏贾思勰著的《齐民要术》一书，是完整地保存下来的一部杰出的古代农业科学著作。在微生物学方面，这部书也有丰富的内容，它记录了我国当时农业和农村手工业中应用微生物知识的许多重要史实，有些还上升为比较系统的规律性认识。在微生物学发展史上，它是一部重要经典。例如，在书中提出，曲成熟的标准，应该是曲中长满了各种菌，所谓"五色衣成"；把醋酸的形成和醋酸菌形成的膜（衣）联系起来，并且意识到了"衣"是有生命的物质。书中还指出，白醭（很可能是糙膜酵母形成的膜）对酿醋是有害的。贾思勰用"鱼眼汤沸"这样生动的语言，描述了乙醇发酵的时候二氧化碳释放的现象。还应当指出，书中把制酱用的以麦粒制成的曲（黄衣）、面粉制成的曲（黄蒸）和发芽的谷物（糵）放在一起列作一章来论述，表明当时已经意识到这三者之间的内在联系。现在看来，这些都是和水解蛋白质、淀粉的水解酶类有关的。可以说，古人已经有了类似今天"酶制剂"的朦胧意识。

从有关制曲酿酒的我国古籍中还可以见到，在很早以前，我国就已经有了许多发酵技术方面的创造，如用酸浆调节发酵，加热杀菌以防止酒变质，加蜡或加油消除泡沫等。中国古代认识和利用微生物的成就是巨大的。此外，关于狂犬病的治疗、种痘法的采用等方面，中国古代也有很有价值的创造和发明。

这些微生物加工历史是中国传统文化的一个方面。通过对此方面知识的讲解和剖析，使学生更加深入地了解中国传统文化，建立中华民族的文化自信。

五、效果分析

经过实践，"食品微生物学（食安）"课程教学团队帮助学生树立了正确的世界观、人生观和价值观，培养了学生爱国情怀，强化了制度自信，树立了文化自信和弘扬使命在肩的精神；进一步培养了学生精益求精的大国工匠精神，激发了学生学好知识和科技报国的家国情怀和使命担当；运用实践论，强化了学生实验操作技能，培养了学生自主学习能力、创新能力和分析问题、解决问题的能力。

"课程思政"教学改革优秀案例 3

食品微生物学（双语）

课程名称：食品微生物学（双语）

主讲教师：李秀婷、李微微

适用专业：食品科学与工程（中外）

课程类别：本科生专业课

一、案例主题

培养学生的奉献精神以及严谨的科学态度。

二、结合章节

案例结合《食品微生物学（双语）》第二章《原核微生物（Prokaryotic Microorganism）》中"支原体、立克次氏体和衣原体（Mycoplasma, Rickettsia and Chlamydia）"内容。

三、案例意义

本课程以微生物生命活动规律及与人类和自然界相互关系为中心，介绍微生物的形态、结构、生理生化、遗传及在食品工业中的应用与危害。学生在掌握微生物的形态结构、分类和鉴定、营养与生理代谢、生长方式和生长规律、遗传变异、生态等知识的基础上，需要了解有益微生物及其在食品加工过程中的实际应用，以及食品加工、保藏等过程中有害微生物危害食品品质和安全的途径和预防消除措施，再结合我国科学先驱者在微生物学领域做出的开创性工作，在潜移默化中形成良好的职业操守和行为规范、团队合作与奉献精神，树立积极向上的人生观和价值观。

四、案例描述

衣原体是一类能通过细菌滤器、在细胞内寄生、有独特发育周期的原核细胞性微生物。衣原体可分为 4 种，即肺炎衣原体、鹦鹉热衣原体、沙眼衣原体和牛衣原体。其中沙眼衣原体可导致宿主发生多种疾病，如沙眼、包涵体结膜炎、泌尿生殖道感染和性病淋巴肉芽肿等。

现在，沙眼已经成为很多人不太在意的"小病"，而在 50 多年前，人们对这种病还束手无策，人们根本不清楚沙眼病原体是什么。早在 1928 年，汤飞凡就开始对沙眼病原体进行研究，他花了 4 年多的时间，推翻了沙眼细菌病因的假说，他的研究结果也被国际医学界承认，并为病毒病因说奠定了基础。1954 年，汤飞凡继续开展沙眼病毒研究，开始非常不顺利，但他从失败中找原因，总结方法，调整思路，反复尝试，经过了 8 次鸡胚分离试验后，终于分离出世界上第一株沙眼病毒，并将它命名为 TE8，T 代表沙眼（Trachoma），E 代表鸡卵（Egg），8 是指第 8 次试验，而后来世界上许多国家的实验室更愿意将它称为"汤氏病毒"。

然而，仅仅分离沙眼病毒仍无法证明它就是沙眼病原体。作风严谨的汤飞凡按照科赫定律，冒着失明的危险，两次用自己的眼睛做实验，他带着红肿发炎的眼睛坚持工作了 40 天，记录了沙眼完整的病程，也证实了病毒的沙眼致病性。汤飞凡关于沙眼病毒研究结果的发表，迅速引起了全球沙眼研究的热潮，多个实验室采用汤飞凡的方法，相继分离出沙眼病毒，进一步推进完善了沙眼病毒系统深入的研究。随后，世界卫生组织基于已有的研究结果，增加了一个衣原体目，沙眼病毒正式改名为沙眼衣原体，而汤飞凡也当之无愧地被称为"衣原体之父"。1980 年 6 月，国际眼科防治组织鉴于汤飞凡在关于沙眼病原研究和鉴定中的杰出贡献，决定向他颁发沙眼金质奖章。

现今，在国际上权威的微生物学教科书和病理学教科书上，任何关于衣原体的综述，都会提及汤飞凡，这位必须镌刻在世界医学史上的中国人。得益于汤飞凡的杰出成就，人们已获得了抵抗沙眼疾病的有力武器。面对可能夺人性命的病毒，汤飞凡能够不顾危险、一往无前，我们作为祖国培养多年的拥有较高专业素养的食品专业学生，应以国家需求为己任，为我国的技术创新和科技进步付出汗水，"强国有我"正是我们当代食品学子应担当的责任。

五、效果分析

在《食品微生物学（双语）》第二章《原核微生物（Prokaryotic Microorganism）》中"支原体、立克次氏体和衣原体（Mycoplasma, Rickettsia and Chlamydia）"的讲授过程中引入汤飞凡的思政案例，有助于帮助学生树立正确的人生观和价值观，培养其勇往直前的担当精神以及严谨的科学态度。

"课程思政"教学改革优秀案例 4

食品化学（双语）

课程名称：食品化学（双语）

主讲教师：许朵霞、肖俊松、王蓓、王少甲

适用专业：食品科学（中外）

课程类别：本科生专业课

一、案例主题

培养学生大食物观，将生态文明意识与可持续发展理念传递给学生，培养他们成为爱专业、爱国家的人，树立他们的自信心和民族自豪感，进而激发其学习的内动力。

二、结合章节

案例结合《食品化学（双语）》中蛋白质来源、加工、物理化学性质与功能等内容。

三、案例意义

培养学生深化学习生态文明意识与可持续发展理念,既将抽象知识形象具体化、使学生充分感受到所学专业知识与生活密切相关,又可以培养学生的民族自豪感、树立爱国主义情怀、增强文化自信,激励学生努力学习、求索创新,未来才能肩负起食品工业的重任。

四、案例描述

《中共中央 国务院关于做好 2023 年全面推进乡村振兴重点工作的意见》特别强调要构建多元化食物供给体系。树立大食物观,加快构建粮经饲统筹、农林牧渔结合、植物动物微生物并举的多元化食物供给体系,分领域制定实施方案。习近平总书记在党的二十大和 2022 年全国两会等多个场合反复强调的"树立大食物观",向森林、向江河湖海、向设施农业要食物,发展生物科技、生物产业,向动物植物微生物要热量、要蛋白,为新蛋白产业发展提供了新思路。

要让食物供给量足质高结构优,也要让老百姓的餐桌更加丰富营养健康。以大食物观为导向的一系列举措,明确调整国民食物结构、进一步提升国民健康水平的战略思想。伴随着环保与国民健康需求的趋势发展,未来人们的餐桌上,植物性人造肉将成为常态食物。2019 年全球植物性人造肉的市场规模约为121 亿美元,预计到 2025 年将达到 279 亿美元。我国的植物肉市场起步虽晚,但发展迅猛。通过先进的阶段控温双螺旋挤压技术手段加工成拉丝蛋白,加入天然色素提升色泽,最终构造成口味与营养兼并的植物肉。植物肉产业在全球范围内发展迅速,有力减轻了种植业和养殖业所带来的环境和资源压力;另外,随着生物科技的发展，用生物技术合成配料，足以制造出风味更好、营养更丰富、口感更优越的食物，实现更加精确的营养搭配，满足人们更多个性化的饮食需求。

典型的大豆蛋白、花生蛋白、玉米蛋白等植物蛋白由油脂生产的副产物来提取。以大豆蛋白的生产为例，原料大豆经脱皮、榨油后，脱脂豆粕可以进一步制成浓缩蛋白与分离蛋白。大豆的综合加工技术既提高了农副产品的综合利用率，又减少了环境污染。在制备大豆分离蛋白时，利用该类蛋白质在等电点附近不溶解的性质，是利用学科知识指导生产实践、服务社会、提高人们生活水平的典范。传统食品豆腐相传发明于西汉，其制作原理是利用大豆蛋白的凝胶化功能特性，现今我国利用豆腐烹制成的菜肴深受百姓喜爱。随着科技的发展，内酯豆腐因相较于传统豆腐具有产量高、蛋白质流失少等优势，也逐渐进入了人们的生活，豆腐的生产离不开食品工业的发展和传统食品现代化工艺的革新。

除了植物蛋白，细胞培养蛋白、昆虫蛋白是未来发展的方向。动物细胞培养蛋白，是将离体肌肉干细胞和脂肪干细胞在适宜的培养环境中，如温度、氧气、营养物质和生长因子等，通过增殖生长，成为模拟真肉类产品。动物细胞培养蛋白可以最大限度地接近真肉的口感及营养要素，减少畜牧生产中抗生素使用带来的安全隐患，减少动物饲养过程中土地、水资源的使用等。目前面临的问题除审批以外，还存在生物反应器、规模化工厂与细胞培养基等技术问题。昆虫蛋白，主要从昆虫幼体中提取，属于全效型蛋白，弥补了某些植物蛋白氨基酸的缺失。昆虫蛋白含有几丁质（甲壳素）及抗菌肽，可调节免疫，具有益生元作用。养殖昆虫可节约水资源、土地和能源消耗，占据更少的养殖空间，减少温室气体排放。目前，应用领域包括食品、饲料及宠物食品等。

践行大食物观，同时蛋白质加工过程中结构变化、营养价值等方面需要不断深入研究，产品品质将会得到不断的提升。

五、效果分析

该过程使学生切身体会到认真学好食品化学课程知识以及用所学知识来解决食品问题、服务人民的必要性与重要性，更深刻地理解个人使命及应该承担的社会责任，同时弘扬社会主义核心价值观，有效地达成思想政治教育目的。

"课程思政"教学改革优秀案例 5

动植物检验检疫学

课程名称：动植物检验检疫学

主讲教师：张婵、曹锦轩、李金旺、王颖、赵芬、郑玲燕

适用专业：食品质量与安全

课程类别：本科生专业课

一、案例主题

培养学生的遵纪守法公民意识，对检验检疫工作坚守国门、保国安民重要性的认识。

二、结合章节

案例结合《动植物检验检疫学》第一章《绪论》中"中国动植物检验检疫工作的历史及其发展"内容。

三、案例意义

　　本课程的主要任务是培养学生的创新意识与能力和动植物检验检疫方面知识的应用能力，使学生掌握动物检验检疫和植物检验检疫的基本法律法规、基本检测原理和检测方法，我国进出口动植物及其产品的检验检疫的现行法规及具体规程，以及对实际动植物检验检疫中具体问题进行分析、检测和验证的能力，支撑毕业要求中的相应指标点。在学习过程中，提升学生对我国食品安全检测的重要性和在国际贸易中，掌握先进检测技术的重要性的认识，为保障我国动植物检验检疫方面贡献力量。

四、案例描述

　　动植物检验检疫工作对于保护人类、动物和植物的生命安全，维护全球的生态平衡，以及促进国际贸易的顺利进行，都具有至关重要的意义。外来动植物的引入和传播可能会对某一地区的生态系统和生物多样性产生破坏，影响当地的生态平衡。例如，外来物种的引入可能会破坏当地的生物多样性，导致某些物种的灭绝。随着全球化的发展，国际贸易日益频繁，动植物及其产品的贸易也日益活跃。对于出口国来说，如果其出口的动植物产品存在疫情或病虫害，可能会被进口国拒之门外，从而影响其出口贸易。对于进口国来说，如果其进口的动植物产品存在疫情或病虫害，可能会对国内的生态系统和农业产生威胁。因此，在经济全球化日益普及的背景下，开展动植物检验检疫工作显得尤为重要。动植物检验检疫工作中的一项主要任务是对动物和植物进行疾病和害虫的检测，防止其传播和扩散。这些疾病和害虫可能对人类的健康构成威胁，如禽流感、口蹄疫等动物疾病，以及植物病虫害等。通过实施有效的动植物检验检疫，可以有效地阻断这些疾病的传播途径，保护人类免受健康威胁。

一个国家在动植物检验检疫方面的严格程度和科学水平，直接关系到该国的国家形象和国家利益。一个严格的动植物检验检疫体系可以增强国际社会对该国的信任度，有利于国家形象的提升和国家利益的维护。因此，中国在经济全球化普及之前便已广泛开展动植物检验检疫工作。例如，我国政府持续发布了一系列法律、法规和规章来保护农业生产，防止疫病传播，确保安全的国际贸易和进出口活动。上述法规包括《中华人民共和国动物防疫法》和《中华人民共和国进出境动植物检疫法》等。中国同时建立了一套完整的动植物检验检疫体系，积极开展动植物疫情的监测和预警工作并建立了一套动植物疫病监测、预警和防控技术体系，以及快速响应机制。通过监测疫情信息、风险评估和流行病学调查等手段，及时掌握动植物疫情的动态情况，并采取相应的措施控制疫情的传播。此外，中国同时积极参与国际合作，推动动植物检验检疫领域的发展。中国政府与其他国家和国际组织合作，分享经验交流，开展联合研究，加强贸易伙伴的能力建设，以确保农产品和食品的质量与安全，并促进公平和有序的国际贸易。

在我国大力推动动植物检验检疫工作的背景下，涌现出一大批具有突出贡献的楷模，例如，天津海关动植物与食品检测中心高级农艺师刘勇，她是杂草鉴定专家，默默无闻地从事口岸植物检疫工作 30 年，在杂草鉴定领域技术精湛。工作以来，她在进口粮食、种苗中检出杂草种子 10 余万种次，系统内首次检出多种外来检疫性杂草，如密刺苍耳、紫茎泽兰、蒺藜草等；天津口岸截获检疫性和重要性杂草 20 余种；为海关查获外来物种，鉴定出罂粟种子、奇亚籽等。此外，我国有非常多与刘勇一样默默奋斗在检验检疫一线的专家，他们在保护我国国门生物安全方面做出了突出贡献。

五、效果分析

通过"动植物检验检疫学"的课程思政实践，能够落实立德树人的根本任务，培养德才兼备和知识、能力、素养等全面发展的综合型人才。培养新时代具有深厚的人文素养与专业技能的优秀人才，落实高校教书育人、立德树人、以德育人的主体责任，不忘高等教育的初心，牢记高等教育的使命，实现全员、全过程、全方位育人，深刻融入社会主义大学课程体系建设，全面提升高校思想政治工作的水平和质量，对于高校人才培养具有重要意义。

"课程思政"教学改革优秀案例 6

食品营养学

课程名称：食品营养学

主讲教师：李健、龚凌霄、刘洁、郁永辉、李璐、曾祥权、高菲、奚宇

适用专业：食品科学与工程、食品质量与安全

课程类别：本科生专业课

一、案例主题

"药食同源"思想的发展。

二、结合章节

案例结合《食品营养学》第一章《绪论》中"营养学发展"和"食物、营养与人体健康"内容。

三、案例意义

学生要掌握食品营养学中"食品"的定义，明确"药食同源"食品的组成以及这些食品在疾病预防、保健方面的作用。通过对我国"药食同源"和"食疗"文化的理解，使学生感受合理饮食的价值和意义，成为均衡饮食文化的主动传播者。

四、案例描述

《中华人民共和国食品安全法》（以下简称《食品安全法》）中对食品有着明确的定义：各种供人食用或者饮用的成品和原料以及按照传统既是食品又是中药材的物品，但是不包括以治疗为目的的物品。其包含两个方面的内容：一方面是可供食用的普通食品，另一方面是"药食两用物品"（药食同源）。2021年国家卫生健康委员会印发了《按照传统既是食品又是中药材的物质目录管理规定》（以下简称《规定》）。《规定》明确食药物质是指传统作为食品，且列入《中华人民共和国药典》的物质。标志着我国药食同源物质管理从20世纪80年代开始，经过前期探索、试点及调整，历经40年，正式进入依法管理阶段。

中医中的食养、食疗和药膳是我国传统的"药食同源"的核心内容，是西方国家"食物代替药物"和"厨房代替药房"等食物保健思想的鼻祖，在我国形成已有三千多年的历史。我国现存最早的重要医书《黄帝内经》记载有"大毒治病，十去其六；常毒治病，十去其七；小毒治病，十去其八；无毒治病，十去其九；谷肉果菜，食养尽之，无使过之，伤其正也"以及"空腹食之为食物，患者食之为药物"，这些描述可称为最早的食疗原则，也是最早的药食同源的说法。此外，《黄帝内经·素问·脏气法时论》明确提出了"五谷为养，五果为助，五畜为益，

五菜为充，气味合而服之，以补精益气"的药与食相结合的理念。东汉张仲景的
《伤寒杂病论》及其杂病篇《金匮要略》在治疗上除了用药，采用了大量的饮食调
养方法来配合治疗。东晋和南北朝时期，《本草经集注》《齐民要术》《肘后备
急方》等医籍都离不开"防微杜渐、未病先防"的思想，"药食同源"在这个时
期得到了充分发扬，真正把"食疗、食治"应用到日常生活中。唐代孙思邈的《备
急千金要方》中"食治篇"写道："人体平和，惟须好将养，勿妄服药。药势偏
有所助，令人脏气不平，易受外患。夫含气之类，未有不资食以存生，而不知食
之有成败，百姓日用而不知，水火至近而难识"，是现在最早的中医食疗专论，
也是第一次全面系统地阐述了食疗、食药结合的理论医书。在这个时期，孟诜编
撰的《食疗本草》是我国较早出现的食物营养学专著。到了元代，饮膳太医忽思
慧编写的《饮膳正要》则是我国最早的饮食卫生和营养学专著，它记载了丰富的
药膳方和食疗方，随着社会发展，"药食同源"理论逐渐丰富并成熟起来。

　　"食养"以强健体魄，"食疗"以抵御衰老，"药膳"以延年益寿，是西方现
代营养学的思想体现，是现代预防医学的重要组成。在不同文化背景下，各个国
家对药食同源食品的命名各不相同，欧美国家称其为"健康食品"（healthy food）、
"草药补品"（herbal tonic），日本称其为"功能食品"（functional food）。"食
物即药品"（food is medicine，药食同源）这个词最初是由"西方医学之父"希
波克拉底（Hippocrates）创造的；他相信吃健康的食物是健康的基础。希波克拉
底在大约 2500 年前说过："如果你能用食物治愈病人，就把你的药留在药剂师的
罐子里。"2020 年 5 月，美国国立卫生研究院（NIH）官宣了 2020～2030 年营养
研究战略计划（2020～2030 Strategic Plan for NIH Nutrition Research），其中如何
通过"食物即药品"的计划减少临床医疗中的疾病负担成为四大战略计划之一。
美国格伊辛格卫生医疗系统（Geisinger Health System）的创新中心高级总监
Michelle Passaretti 给"药食同源"点赞。她表示，"食物即药品"的概念已经帮
助糖尿病患者降低糖化血红蛋白（HbA1c）水平，平均幅度达两个点。2020 年 6

月 29 日来自美国哈佛大学、北卡罗来纳大学教堂山分校医学院、乔治·华盛顿大学、塔夫茨大学和加拿大卡尔加里大学医学院的多位专家联合在著名权威期刊《英国医学杂志》上发表文章《食物即药品：将食物和营养整合到医疗保健中的行动》（*Food is medicine: actions to integrate food and nutrition into healthcare*）。在 2022 年 9 月美国拜登政府召开的白宫饥饿、营养与健康会议（White House Conference on Hunger, Nutrition, and Health）上，"食物即药品"的概念在美国政府层面再次被推上了主流。

《国民营养计划（2017—2030 年）》《健康中国行动（2019—2030 年）》等一系列政策文件均提出鼓励推进中医药功能食品、传统食养产品等药食同源食品的研发。我国药食同源食品尽管起源较早、种类多，但是能形成规模的、走出国门的较少。为迎合新时代对健康营养的需求，我们应该运用现代营养学研究高效地利用和发挥"药食同源"理论，使中华优秀的"治未病"理念走向国际，为世界人民的健康保健提供可行之策。

五、效果分析

通过将上述思政内容融合到课程教学中，可以增强学生文化自信，提高学生的民族自豪感，提升学生的爱国热情，为祖国建设培养具有正确人生观、价值观和世界观的栋梁，助力健康中国的建设。

"课程思政"教学改革优秀案例 7

食品工艺学

课程名称： 食品工艺学

主讲教师： 张敏、刘野、刘国荣、熊科、王振华、任欣

适用专业： 食品科学与工程、食品质量与安全、食品营养与健康

课程类别： 本科生专业必修课

一、案例主题

培养学生的科学素养、社会责任感和家国情怀。

二、结合章节

案例结合《食品工艺学》第二章《食品的脱水处理》中第一节《食品的干燥》内容。

三、案例意义

本课程以食品干燥过程的影响因素为主题，结合国家粮食安全、自然灾害导致粮食减产、机械烘干影响粮食品质等方面案例开展知识讲授。学生除了需要掌握食品干燥过程的影响因素，还需认识到国家粮食安全现状及保障粮食安全的重要性，了解国家为保障粮食安全、科技工作者为降低粮食损耗所做出的贡献，鼓励学生发扬科学家的艰苦奋斗、科技创新精神，树立节粮意识，杜绝粮食浪费现象，践行总体国家安全观，加强爱国主义教育，培养学生的家国情怀。

四、案例描述

干燥工艺是食品加工过程中非常重要的操作单元之一。食品的干燥过程就是水分转移和热量传递的过程，即湿热传递。影响干燥过程的因素主要取决于两个方面：干燥条件（由干燥设备类型和操作状况决定）和干燥物料的性质。干燥条件主要包含干燥温度、相对湿度、风速、大气压力和真空度等，而干燥物料的性质主要包括表面积、组分定向、细胞结构、溶质的浓度等。为了说明干燥过程的不同影响因素对产业、行业、国家安全的影响，在讲授干燥过程的影响因素时，除了要重点介绍温度、相对湿度等因素对干燥过程、干燥能耗和产品品质的影响等专业知识，还应介绍干燥工艺在粮食加工与储藏、食品加工与储存过程中发挥的重要作用，列举近期发生的实际案例，理论联系实际，从行业、产业、国家等层面，说明干燥工艺的重要性。

国以民为本，民以食为天，食以安为先。粮食安全是国家安全的重要基础，应站在总体国家安全的高度，考虑我国特色的粮食安全战略。2019 年末开始的新冠疫情和地缘政治冲突加剧，尤其是世界粮食出口占比较大的俄罗斯和乌克兰发生的地区冲突，引发了国际社会对粮食供给的普遍恐慌，甚至有部分国家开始限制粮食出口，直接导致全球粮食供应出现紧张，粮食安全问题凸显。党的十八大以来，我国确立了"以我为主、立足国内、确保产能、适度进口、科技支撑"的国家粮食安全战略，提高了粮食综合生产能力，实现了谷物基本自给、口粮绝对安全，为我国经济社会的快速发展提供了重要保证。

对于粮食安全，粮食产量是一个重要指标。面对全球粮食危机，我国粮食生产实现了二十连丰，中国人的饭碗端得更牢了，但不能有丝毫松懈。2023 年 5 月，正值麦收时节，作为小麦主产区的河南省遭遇暴雨袭击，持续降雨时间与小麦成熟收获期叠加重合，严重的"烂场雨"天气造成部分地区小麦萌动发芽，麦粒发霉，造成粮食减产。据国家统计局数据，2023 年全国夏粮小麦产量 13453 万吨，比上年减少 122.6 万吨，下降 0.9%，这主要是受河南等地严重"烂场雨"的天气影响，小麦籽粒中过多的水分不能有效、快速脱除，导致小麦发芽、霉变，南方水稻的收获也同样容易受到阴雨天气的影响而引起产量下降。除此之外，相比于产地损失、储藏损失，餐饮浪费也需要引起人们的重视。联合国环境规划署《2021 年食物浪费指数报告》指出，2019 年，全球约 9.31 亿吨食物被家庭、餐厅以及食品服务和零售行业浪费，占可供消费者食用的食物总量的 17%。提示人们应树立节粮意识，杜绝粮食浪费现象。

针对"烂场雨"等突发事件引起的粮食损失问题，通常会进行以下应急工作：一是充分利用公路边、广场、学校操场、房前屋后、平整房顶等各类场所，采用最原始的自然干燥方式及时开展晾晒，防止直接堆积造成发热霉变，这种传统的自然干燥脱水方式具有露天、不卫生、不可控、慢速等缺点，虽尽可能保障了粮食产量，但粮食品质下降；二是多途径引入烘干机、烘干中心等烘干设施，极大地减少了自然灾害造成的粮食损失，这种现代化的机械干燥脱水方式具有干净卫生、可控、快速等优点，有效保证了产品品质，是值得推广的干燥方式；三是开展发芽、霉变小麦的后续加工利用研究，加强劣麦的利用。

从上述案例可以看出，现代的机械干燥加工方式具有良好的干燥工艺、稳定的干燥条件等优点，对于提高粮食产量、改善产品品质具有重要意义，而干燥过程的影响因素研究是达成该效果的前提和基础。目前，众多的大型企业、农场、种植合作社等已建设了大量谷物烘干机、烘干中心等，均采用了先进的干燥设备和控制工艺，减少了粮食的产地损失，政府也出台了相关政策，推广典型优质烘干机并进行农机购置补贴，让更好的干燥技术服务于农业生产，助力"中国碗要装中国粮"，更要装优质的中国粮。

优质的干燥是粮食安全的重要保证，也是众多食品加工过程中的重要操作单元，政府、企业、科技工作者，不忘初心，砥砺前行，始终为干燥事业而不断奉献。食品专业的本科生，将是食品产业发展的主力军，应树立远大理想，拼搏进取，运用所学知识服务食品行业，为食品产业、社会和国家的发展贡献青春和热血。

五、效果分析

通过理论知识讲授，让学生了解干燥过程的影响因素，学习到了专业知识。通过列举近期发生的典型相关案例，让学生了解干燥技术在行业生产和生活中发挥的重要作用，体会良好干燥工艺的无限魅力。选取的案例展现了国家在粮食安全保障中做出的伟大努力，且案例贴近生活，可提高学生的学习兴趣，激发学生的创新意识，提高课堂参与度、知识掌握度。本课程的讲授，加强了爱国主义教育，增进了爱国情怀，有助于学生树立正确的人生观和价值观。

"课程思政"教学改革优秀案例8

食品工艺学

课程名称：食品工艺学

主讲教师：张敏、刘野、刘国荣、熊科、王振华、任欣

适用专业：食品科学与工程、食品质量与安全、食品营养与健康

课程类别：本科生专业必修课

一、案例主题

培养学生的工匠精神、科学态度和民族情怀。

二、结合章节

案例结合《食品工艺学》第六章《发酵及生物酶技术》中第一节《食品发酵的原理和影响因素》内容。

三、案例意义

本课程在专业知识讲授的同时，升华和凝练课程宗旨，以鲜活的案例为载体，培养学生的工匠精神、科学态度和家国情怀。学生不仅要掌握食品发酵的保藏原理、食品发酵工业的发展历史与现状、影响食品发酵的因素以及发酵对食品品质的影响等专业知识，还要树立正确的人生观和价值观，秉持批判创新的科学态度，发扬追求卓越、精益求精的工匠精神，科学理性对待中国传统文化和传统技艺。

四、案例描述

发酵是生物技术中最早发展和应用的食品加工技术之一，发酵食品极大丰富了人类的餐桌，让世界各地的人们品尝到了各式美味。此处抛出问题，引发学生头脑风暴，让他们"回忆自己曾经食用过的发酵食品有哪些"，进一步激发学生的上课热情。

我国食品发酵文化更是源远流长，食品发酵技术最早可追溯到距今 8000 年前。可以说食品发酵技术体现了我国劳动人民从"认识自然"到"利用自然"的伟大智慧。白酒、酱油、食醋、酸奶等都是我们熟悉的典型发酵食品。我国是一个酒类大国，也是一个酒文化文明古国，而贵州茅台镇的茅台酒更是酒中极品。此处以"谁发明了茅台酒？"为话题，简要介绍"我国白酒的酿造历史"。人工酒的起源，是人类在对天然酒经历了一个发现、饮用的过程后，逐步开始的一种模仿。在长期的观察中，人们发现发芽、发霉的谷物可以变成酒，酿酒的秘密就藏在霉菌和谷芽里。虽然古人并不知道微生物，却发现了这些神奇的转化。一直到了秦汉时期，我们才真正培育出稳定的酒曲。在此之前，酿出的酒都是浑浊的，酒精度也不高。随后勤劳智慧的中华人民继续优化制曲酿酒工艺，奠定了中国在世界酒文化中的地位。所以并不是人类发明了酒，而只是发现和利用了酒。学生在惊叹于老祖宗智慧的同时，被激发了浓浓的民族自豪感。然后介绍茅台酒"端午踩曲、重阳下沙"的季节性酿造工艺。以优质小麦为原料，经过两次投料，九次蒸煮，八次高温堆积和下窖发酵，七次取酒，三年以上陈储而成。从一粒小麦到一瓶茅台酒的华丽变身，展示的是追求卓越、精益求精的工匠精神，告诫学生在以后的工作学习中，要秉承工匠精神沉下心来，经得起时间的精酿，并鼓励学生加强对我国优秀传统工艺的坚守和传承。

　　人类生活水平的提高和历史的进步，都离不开科学的发现和创新的力量。发酵食品亦是如此。茅台酒之所以能够回味悠长、空杯留香，离不开酿酒微生物的神奇力量。荷兰生物学家列文虎克于 1676 年首次观察到形态微小、作用巨大的细菌。他一生制作了 419 架显微镜或放大镜，最高可放大 266 倍，解决了认识微生物世界的第一个障碍，被尊称为"显微镜之父"。法国著名的微生物学家巴斯德否定微生物自然发生说，提出了生命只能来自生命的胚种学说，并认为只有活的微生物才是传染病、发酵和腐败的真正原因，并建立了巴氏杀菌法，为微生物学的发展奠定了坚实的基础。1972 年美国斯坦福大学的保罗·伯格领导的研究小组，在世界上第一次成功地实现了微生物的 DNA 体外重组。正是一代代科学工作者的不懈努力，才使得人类对微生物认识的逐步深入，有效促进了微生物资源的开发和利用，成功研发出品质更高的发酵食品，极大地丰富了人类的生活。进而引导学生学习科学家奋发图强、求真务实、坚持不懈、追求真理的科学态度。

五、效果分析

"食品工艺学"的课程思政实践，遵循教学规律和学生特点，积极挖掘思政元素，将教学内容与传统文化、科学故事、社会热点等巧妙结合，不仅让学生学习了丰富深厚的专业知识，而且增强了学生的文化自信和民族自豪感，引导学生秉持科学态度，追求工匠精神，帮助他们树立正确的人生观和价值观。

"课程思政"教学改革优秀案例 9

生物化学

课程名称： 生物化学

主讲教师： 王静、张婧婕、郁永辉、赵磊、刘英丽、张慧娟、李洪岩、马铁铮、路士熠

适用专业： 食品科学与工程、食品质量与安全

课程类别： 本科生专业课

一、案例主题

拓展学生创新思维，培养学生勇于探索的科学精神

二、结合章节

案例结合《生物化学》第二章《酶》中"酶的应用"内容。

三、案例意义

本课程以"酶制剂的创新应用"为中心,对课程进行凝练和升华。学生不仅要掌握酶的结构、分类和作用,更要认识到,酶应用于传统食品领域的生产,已有上千年历史;如今酶工程是我国战略性新兴产业的重点发展方向,在疾病诊断治疗和生产生活中均有广泛应用。其中蛋白酶、脂肪酶、纤维素酶等更是被应用于食品添加剂开发、食品加工等领域。通过本次内容的学习,进一步拓展学生的创新应用型思维,激发学生勇于探索的科学精神。

四、案例描述

酶是由活细胞产生的、对其底物具有高度特异性和高度催化效能的物质,其中绝大多数酶都是蛋白质。目前已发现四千多种酶,但是生物体中酶的数量远多于此。生物体内的反应大多是酶促反应,从而使机体内各条代谢途径有条不紊地进行。酶的活性中心与底物结合后可通过非共价相互作用、共价催化等多种方式来发挥催化作用。与一般催化剂不同,酶的催化具有高度特异性和高效性。此外,酶催化反应的条件温和,且酶催化活性可被调节。酶根据其催化底物的不同,可被分为蛋白酶、淀粉酶、纤维素酶、酯酶等;也可根据催化反应的性质命名为水解酶、转氨酶、裂解酶等。

目前,酶在工业生产、医学、制药等领域中被广泛应用。例如,蛋白酶被应用于皮革脱毛与软化,酶水解毛根部的毛囊蛋白而使毛松动脱落,蛋白酶分解皮纤维间质中的可溶性蛋白质,使皮纤维进一步松散软化;洗涤剂中加入蛋白酶可加速蛋白质的分解;以酶为原料的消炎剂、助消化剂可用于酶法治疗。利用纤维素酶分解农副产品中丰富的纤维素，使之转化为人类需要的物质；利用纤维素酶的催化反应代替高温高压的化学反应，节粮代粮，降低成本和革新工艺的研究意义重大。

酶在食品加工领域也有着广泛的应用。几千年前我国就掌握了发酵的过程，开始用发酵酿制食醋，西方国家则是用发酵的方法制作面包和奶酪。在现代食品工业中，酶已经广泛应用于食品原料精准设计、食品包装、食品添加剂的研制及食品安全检测等多个方面。酯酶在酒类酿造中可以用于除去原料中的脂质特别是不饱和脂肪酸，改善酒类风味；在面包生产中可用于改善面团质构，提升产品品质；还可用于制造牛奶香味物质，已经广泛应用到奶油、巧克力、冰淇淋等相关产品中。采用生物发酵法制备酸味剂柠檬酸时就是利用无毒菌株对葡萄糖、淀粉、甜菜糖蜜等原料进行发酵，再经过一系列提取、分离等工序，即可得到柠檬酸。该方法与化学方法相比，有效提高了柠檬酸的产量。利用酶工程技术，我国柠檬酸、谷氨酸、维生素 B_2 等产品产量排名已达到世界第一。

随着新型酶制剂的开发，酶的应用领域越来越广泛。我国科学家设计一种用二氧化碳和氢气在无细胞系统中通过酶促反应合成淀粉的人工淀粉合成代谢途径。此反应由 11 个核心反应组成，由化学酶系统催化反应发生，每毫克总催化剂每分钟可将 22 nmol 二氧化碳转化成淀粉，比玉米中的淀粉合成速率高约 8.5 倍，这种方法为未来利用二氧化碳合成化学-生物杂化淀粉开辟了道路。人工合成淀粉方面取得重大颠覆性、原创性突破是我国科学家勇于探索的科学精神的又一体现。

五、效果分析

通过"生物化学"的课程思政实践，将当代的思想政治教育融入专业课程中，非常有利于学生学习科学家们积极进取、开拓创新的科研精神，对学生未来的工作学习提供了一定的精神支持。

"课程思政"教学改革优秀案例 10

专业实习

课程名称：专业实习

主讲教师：杨雪莲、赵亮、王丽金、陈伟、郑玲燕、宁方建、高菲

适用专业：食品质量与安全

课程类别：本科生专业课

一、案例主题

通过参观、动手操作、总结归纳、接受培训等形式和环节，使学生在观摩中加深对不同种类食品加工、储藏等生产工艺的了解，帮助学生了解行业发展趋势。

二、结合章节

案例结合专业实习过程中参观北京古船米业有限公司中关于"首都的米袋子，安全放心；百姓的放心粮，营养健康"等基础内容。

三、案例意义

本课程通过让学生带着所学的理论知识进工厂，通过观摩、实际参与、动手操作、实地培训以及分析总结归纳等形式和环节，加深学生对实际食品工厂的工艺流程、加工管理、储藏分销以及质量控制等环节的具体认识，使学生切实感受到我国食品行业发展的形势和趋势，增强对食品行业的忠诚度、提升自身民族责任感和使命感。为学习后续专业课程以及毕业设计奠定基础，培育符合社会需求的具有一定科学技术基础知识与实践能力的工程应用型人才。

四、案例描述

中国是全球最大的粮食生产国之一，其粮食安全状况直接影响着国际粮食市场的稳定。因此，中国在粮食领域的政策和行动对全球粮食安全具有深刻影响，对国际合作和国际地位至关重要。粮食安全不仅仅关乎粮食的供给，更关系到国家的安全。国家必须确保粮食供应的持续稳定，以便有效应对可能出现的食品危机、粮食短缺以及国际粮食市场的波动。粮食安全也与国家的国防和应急储备息息相关，确保国家在紧急情况下有足够的粮食储备来保障人民的基本生存权和发展权。粮食不仅仅是满足人们口腹之欲的物质，更是保障人民生存和发展的基本需求之一。因此，我们在讨论粮食安全时，不仅需要考虑其对经济、政治和生态方面的影响，还需要审视其中蕴含的伦理、道德和社会责任。

食品质量与安全专业实习中的粮食工厂参观课程的设立具有多重目的与

深刻意义。首先，它旨在培养学生对粮食安全问题的深刻认知，引导他们逐渐形成对粮食安全的强烈关切。粮食是人类基本的生存需求，学生通过实地参观工厂，亲身感受到了粮食安全对于国家、社会和每个个体的不可或缺性。这有助于培养学生的社会责任感和关心社会问题的意识，使他们在未来的职业生涯中更加关注食品安全问题。

其次，本课程旨在培养学生成为未来粮食安全领域的杰出领导者和决策者。通过参观工厂，学生将亲身体验到粮食生产和供应链的复杂性，了解到保障粮食的质量和安全所需的多层次管理和控制。这有助于培养他们领导能力、团队协作能力以及在复杂环境中做出决策的技能。学生将在实践中学会如何应对紧急情况，确保粮食供应的可靠性，从而为未来的领导职位做好准备。此外，本课程还提供了学生实地调研的机会，使他们能够深入了解食品产业的各个环节。他们可以收集实际数据，学习和应用质量管理体系、食品安全体系、诚信体系、计量标准、绿色食品标准、有机大米加工等各方面的知识。这将有助于学生更好地理解食品产业的运作，为未来的研究和市场分析提供基础。学生将研究全球粮食生产与分配的不均衡、气候变化对粮食生产的影响、生态环境问题、不断增长的人口等因素如何对粮食安全构成威胁。同时，他们还将讨论可能的解决方案，包括可持续农业实践、国际合作和政策制定等方面的措施。这将使学生更好地理解国际粮食安全问题，并为未来的国际事务和合作提供有力支持。

综合而言，食品质量与安全专业实习中的粮食工厂参观课程不仅仅是知识传授，更是一次全面的教育体验，旨在培养具备深刻认知、实际技能和领导潜质的学生，为粮食安全和食品产业的可持续发展贡献他们的智慧和力量。这一课程的目的与意义远不止于此，它也有助于塑造学生的价值观和社会责任感，培养他们成为未来社会的积极参与者和变革者。

五、效果分析

总体而言，食品质量与安全专业实习课程中的思政实践在多个方面产生了积极的效果。它不仅有助于提高学生在学术知识领域的认识水平，还培养了他们的伦理意识、社会责任感和实际问题解决能力，为未来的职业生涯和社会参与提供了坚实的基础。这种综合性的培养将有助于学生更好地应对复杂的食品产业伦理和社会责任挑战。

"课程思政"教学改革优秀案例11

毕业实习（驻厂实习）

课程名称： 毕业实习（驻厂实习）

主讲教师： 王金鹏、侯殿志、赵国萍、滕雯迪、叶高琪、李金旺、路士熠

适用专业： 食品科学与工程

课程类别： 必修课

一、案例主题

培养学生环保、健康、安全的理念，提升专业素养和大局观念、强化法律意识。

二、结合章节

案例结合本专业毕业实习大纲及专业培养目标。

三、案例意义

　　本次课程以环保、健康、安全理念和法律意识为中心，通过指导学生体验食品行业中存在的潜在问题，从而更深刻地理解不良食品安全实践可能对公众健康产生的影响。这有助于培养学生对食品安全的敏感性，引导他们将环保和健康理念融入未来的职业生涯。通过参与解决消费者投诉事件，学生切身了解了食品行业的相关法规和标准，这对于他们将来从事与环保和健康相关的工作至关重要。学生不仅要关注食品安全，还要关心食品生产对环境的影响，这可以帮助他们更好地理解可持续发展的重要性，并将其应用于实际工作中，促进了环保意识的培养。此次课程是对学生培养环保、健康、安全理念和法律意识的重要教育机会，有助于塑造他们未来成为负责任的专业人士，关注食品的安全性和环境的可持续性。

四、案例描述

　　此次课程主要通过校外实习的形式进行。在前期阶段，实习工作主要集中在现场核查商铺，检查其原料运输条件、制作环境以及生产设备等是否符合安全生产的要求。这一过程类似于危害分析与关键点控制（HACCP，Hazard Analysis and Critical Control Point）体系，旨在确保食品生产过程中的卫生和安全。其间要求商铺妥善保存进货单据，以便进行产品的追溯工作。学生独立处理了来自 12315 和 12345 网站的投诉和举报，以解决消费者的问题。在中后期，我们的工作主要涉及协助个体户办理和注销营业执照，以及整理相关个体户信息并记录在 Excel 表格中。这些工作虽然看似简单，但对于实习生来说，却是很好的机会来学习相关流程和法规要求。在实习过程中，学生参与处理了涉及消费者投诉的案例。某消费者投诉，声称购买的散装榴梿出现虫子且发臭问题，要求商家加倍赔偿。通过指导学生研究《食品安全法》第一百四十八条，明确了赔偿的前提是商家售卖了违反《食品安全法》的食品。本案因为消费者在购买时未当场发现并指出榴梿存在问题，所以不适用于《食品安全法》第一百四十八条，最终通过调解解决了投诉。通过这个案例，学生能够将课堂知识融会贯通，应用于实际，并认识到了了解、理解、熟练运用法律法规对于行政执法公正的重要性，对学生们的法律素养和实践能力有着重要的影响。随后，通过参与现场调解投诉及举报事件，学生认识到了商家存在具有诱导性的销售模式，虽然这些模式不涉及强制消费或诈骗，但却存在法律法规未明确规定的灰色地带。学生在处理这些情况时表现出谨慎和中立，平衡了消费者和商家的权益。

此外，实习安排还包括组织学生前往餐饮企业进行巡查调查，以确保食品安全并支持企业发展。其间不仅指导学生对其供应量、定价、销售额以及辐射片区等信息进行初步了解，还处理了某餐厅的一起消费者发现鸡米花中存在钉子的投诉。在巡查过程中未发现餐饮厂家的生产和制作区域存在明显的食品安全问题，学生根据实际情况对其提出了进一步提高食品安全标准的建议，包括更加严格的生熟分开，确保原材料在运输过程中不受损坏，以防止后续的储存过程中出现细菌污染等问题。这次巡查和调查工作有助于我们加强了解企业的运作情况，以确保食品安全和促进企业的可持续发展，加强与食品餐饮等企业保持联系，支持其在食品行业的发展。

在实习的最后阶段，学生负责核对"四上企业"的名单，包括验证企业的法人信息以及工商联络员的电话号码，确保数据的准确性对于后续工作至关重要。这个过程中不仅要求学生完成数据核查的任务，还有利于提升学生的沟通能力与技巧。此外，学生需主动联系相关企业，并与街道办的工作人员一同安排走访时间，这也充分考验了学生在安排企业代表的时间、企业工作日程及街道办的工作计划等多种因素的统筹能力。

五、效果分析

通过对毕业实习的课程思政实践，学生在本次实习中表现出了积极性、责任感和专业素养，不仅圆满完成了任务，还在工作中获得了宝贵的经验，这将有助于塑造他们成为具备食品安全意识、法律法规理解以及问题解决能力的专业人士，这将对学生未来的职业生涯产生积极且深远的影响。

"课程思政"教学改革优秀案例 12

毕业实习（驻厂实习）

课程名称：毕业实习（驻厂实习）

主讲教师：王金鹏、侯殿志、赵国萍、滕雯迪、叶高琪、李金旺、路士熠

适用专业：食品科学与工程

课程类别：本科生专业课

一、案例主题

培养学生的遵纪守法公民意识，对食品生产与法律法规关联性的认识。

二、结合章节

案例结合"毕业实习（驻厂实习）"课程内容。

三、案例意义

本课程的主要任务是培养学生适应社会的能力和运用基本理论、基本方法分

析和解决实际问题的能力。学生通过该课程的学习将会缩短理论与生产实践的距离，增强学生的工程意识，建立用理论知识分析和解决生产实际问题的概念和能力，本课程通过实习环节，引导学生肩负起食品人的历史使命和责任担当。一个合格的食品行业参与者，身处校园内外，都要强调食品的生产、经营、管理必须守法遵规，必须坚持法治思维、坚守法规底线。

四、案例描述

随着食品行业的快速发展，食品安全问题也日益凸显，尤其是食品生产、加工、运输、销售等各个环节都存在诸多问题。其中，缺乏法律意识和法规素养是导致这些问题出现的重要原因之一。为了提高食品行业整体水平，保障人民群众的健康安全，对于食品科学与工程专业本科生的培养，应当注重法律意识和法规素养的培养，以提高其综合素质和社会责任感。在食品科学与工程专业本科生的培养过程中，驻厂实习课程的设置是一种重要的实践教学方式，其对于培养学生增强法律意识与坚守法规底线具有重要意义。

驻厂实习可以为学生提供一个真实的实践环境，让学生能够亲身感受到食品生产过程中的法律需求。通过实习，学生可以深入了解《食品安全法》等相关法律法规，认识到法律法规在食品生产过程中的重要性。同时，学生可以在实践中不断提高自己的法律意识，明确自己的法律责任，从而更好地适应未来的工作。

在驻厂实习中，学生需要亲身参与到食品生产过程中，严格遵守企业的各项规章制度和国家的法律法规。通过这种方式，学生可以深刻体会到遵守法规的重要性，了解到违反法规的严重后果，从而在实际工作中始终坚守法规底线。

例如，在企业的生产线上，学生发现了一个设备故障导致产品质量存在瑕疵。学生能够在企业导师的指导下首先了解相关法律法规对产品质量的要求。然后学生与生产线上的工人师傅一起探讨设备故障的原因并提出解决方案，最后，学生监测产品质量的提高情况并向企业提交报告。在这个过程中,学生不仅能够学会如何运用法律法规保障产品质量,还能够学会如何在实践中解决实际问题。这表明通过驻厂实习,学生能够将在学校学到的理论知识与企业实践结合起来,从而更好地掌握相关法律法规并在实际工作中运用所学知识和技能解决遇到的问题。

通过驻厂实习,学生不仅能够增强法律意识与坚守法规底线的意识,而且对企业实际生产和食品安全有了更加深入的了解和认识。这对学生今后的工作将会产生积极的影响,具体表现在以下几个方面:第一,提高学生的综合素质和社会责任感。通过驻厂实习,学生不仅能学会如何运用法律法规保障产品质量,而且还能学会如何在实践中解决实际问题,这一过程能够为他们今后的工作打下坚实的基础。同时,学生也能够深刻认识到自身的社会责任,对于提高整个食品行业的安全水平和竞争力具有重要作用。第二,能够增强学生的就业竞争力。在当今激烈的就业市场竞争中,掌握相关法律法规并能够灵活运用到实际工作中是许多企业所重视的。通过驻厂实习,学生不仅能够学会如何将理论知识与实际生产相结合,而且还能学会如何遵守法规底线,这对于提高学生的就业竞争力具有重要作用。第三,有助于推动食品科学与工程领域的发展。通过培养具有法律意识和社会责任感的食品科学与工程专业人才,可以为整个食品行业注入更多的正能量,推动行业健康有序发展。同时,这些人才也将成为未来食品安全领域的骨干力量,对于提高整个行业的安全水平和竞争力具有重要作用。

五、效果分析

驻厂实习对于培养食品科学与工程专业本科生增强法律意识与坚守法规底线

具有重要意义，通过驻厂实习，学生能够将在学校学到的理论知识与企业实践结合起来，提高学生的综合素质和社会责任感，增强就业竞争力，为今后推动整个食品行业的发展打下了坚实的基础。

"课程思政"教学改革优秀案例 13

生产实习

课程名称：毕业实习/生产实习

主讲教师：王金鹏、侯殿志、赵国萍、滕雯迪、叶高琪、李金旺、路士熠

适用专业：食品科学与工程

课程类别：本科生专业必修课

一、案例主题

培养学生理论联系实际的能力，充分发挥学生的主观能动性，加深学生对食品科学与工程专业的深层次的理解。

二、结合章节

案例结合毕业实习的关键环节。

三、案例意义

在全国高校思想政治工作会议上，习近平总书记强调，高校思想政治工作关系高校培养什么样的人、如何培养人以及为谁培养人这个根本问题。要坚持把立德树人作为中心环节，把思想政治工作贯穿教育教学全过程，实现全程育人、全方位育人，努力开创我国高等教育事业发展新局面。要用好课堂教学这个主渠道，思想政治理论课要坚持在改进中加强，提升思想政治教育亲和力和针对性，满足学生成长发展需求和期待。

生产实习是食品科学与工程人才培养方案中非常重要的环节，是实现学生综合能力和综合素质培养的关键教学环节，也是实施素质教育和创新教育最有效的方法和途径。这门课程通过示范讲解、现场参观展示等方式，使学生了解相关食品开发、设计、制造各环节过程及现代制造系统与先进制造方面的技术，培养学生在生产实践中调查研究、观察问题的能力以及理论联系实际、运用所学知识分析问题和解决问题的能力，开阔专业视野及专业知识面，使学生了解专业科技进步的现状和发展趋势，为后续课程学习、毕业设计以及毕业后从事工作打下良好的实践基础。

课程思政的核心目标是把思想政治工作贯穿教育教学全过程，推动课程思政实践教学与专业实习实践的有机结合，逐步完善课程思政培养体系。

四、案例描述

（一）感受专业知识的力量，学习实际生产典型

该部分主要通过以下两部分内容展开。

（1）课程负责人王金鹏老师通过视频讲解饮料生产线，展示实际生产中饮料生产的关键工艺环节以及需要注意的地方，体现作为一名专业食品人，应该掌握的技能，激励学生努力提升自我，甘于奉献，踏实做人，认真做事。

（2）邀请生产企业一线的技术人员做系列专题讲座（啤酒生产线讲解和中式快餐视频讲解），通过将学校和企业结合，既可以在思政教育上拓展广度和深度，又可以让学生了解学校和企业的不同，让学生能够在知识和心理方面做好走向社会的充分准备。

（二）携手共建，校企联合同行

通过校企共建的形式，带领学生实地参观燕京啤酒（啤酒厂布局、啤酒厂生产线）和平谷产业园（预制菜生产线）等大型食品企业生产基地，建立校企联合同行。让学生近距离感受食品实际生产的场景，感受食品自动化生产的魅力，激发学生学习的兴趣。更重要的是，增进学生与企业专家之间的交流与互动，增强校企之间的融合，提升学生对企业专家、毕业设计指导老师的感情和认同度，促进课程思政教学的效果。

（三）学生研讨与交流，分享生产实习心得体会

通过学生内部研讨与交流的形式，让学生聆听与分享生产实习/毕业实习的心得体会。通过这样的交流，提升整体的学习效果。同时，通过学生交流后的总结，可以获得学生关于课程思政的想法和建议，有针对性地持续改进和提高课程思政的教学效果。

五、效果分析

生产实习/毕业实习作为学生综合能力和综合素质培养的关键环节，融入课程

思政环节，是把思想政治工作贯穿教育教学全过程的重要体现。在组织生产实习的过程中，融入了红色主题教育基地参观学习、先进事迹报告会、校企共建和学生内部研讨等形式，做到了思政和专业教育两者有机的融合。

但是，生产实习/毕业实习由于时间和安全等限制因素，不能保证每位学生参与各个实操环节。加之学生对专业拓展课的重要性认识不足，对专业知识的积累不够，课堂思维创新程度有限。需要加强与企业间的联系，使学生有机会进入生产车间，及时了解本专业的发展动态和前景，提高学生的实践水平，培养真正的应用型人才。

"课程思政"教学改革优秀案例 14

生产实习

课程名称： 生产实习

主讲教师： 王金鹏、滕雯迪、赵国萍、侯殿志、叶高琪

适用专业： 食品科学与工程

课程类别： 本科生专业必修课

一、案例主题

使学生了解、掌握"饮料生产技术"。

二、结合章节

案例结合毕业实习"饮料生产技术"模块内容。

三、案例意义

课程以"工学结合"为切入点,以产品为载体,以若干学习情境为项目,帮助认识不同类型饮料生产技术。对于培养具有创新精神和实践能力的食品行业高素质创新技能应用型人才具有十分重要的意义。通过讲授食品行业工作人员在食品加工、食品安全、食品运销乃至国民健康等多个方面发挥的至关重要的作用,增强学生的责任感、使命感以及对未来职业的高度认同感;同时可以鼓励学生在开发新食源及运用现代智能技术手段方面进行探索,培养学生社会主人翁意识。

四、案例描述

以"碳酸饮料生产技术"为例,实现教学与思政的有机结合。

(1)以产品为导向,融入思政元素。产品是企业生存的灵魂。成功的产品,不仅能够提升品牌形象,更能带来巨大的经济效益,促进可持续发展。在塑造高质量产品的同时,引导学生树立正确的世界观、人生观、价值观,提高学生的思想品德修养,指引学生正确认识远大抱负与脚踏实地的关系,坚定理想信念,增强解决实际问题的决心和能力,提升学生的持续学习能力和创新发展意识,培养具有创新能力的复合型人才。

(2)以学生为中心,开展思政教学。从学生熟知的碳酸饮料品牌"百事可乐""可口可乐"等入手,师生共同讨论碳酸饮料风靡全球的缘由及其生产工艺配方等知识,从碳酸饮料的来源、发展、技术、应用、产业、市场和创新创业等方面,发掘知识内涵的价值观、科学观、思想情感等,形成思政"面",以"点"带"面",

激发其蕴含的哲学思想，不仅有助于提高学生学科认知能力的培养，提升学生科学文化素养，而且有助于树立正确的职业道德、法律意识和社会责任感，培养严谨细致的科学态度、精益求精的工匠精神，激发敢于尝试的创新精神和敢于批判的质疑精神。

（3）以实习实践为契机，开展实习实践思政。教学实践是检验真理的唯一标准，也是培养高职高素质技术技能型人才的有效途径。在实习实践期间，以规范的碳酸饮料加工工艺实践为重点，使学生具有较扎实的碳酸饮料生产技能，培养碳酸饮料从业人员的基本素养。在整个任务过程中，文献资料的查找、分析和整理环节，培养学生严谨认真的态度、独立思考的能力；产品生产方案的制定环节，培养学生团队协作能力、互助互爱的精神；产品的加工、检验环节，培养学生综合分析解决问题、敢于质疑、勇于创新探索及通力合作的精神；实践总结环节，需要学生遵循实事求是的原则客观总结汇报，树立高尚的职业道德。

（4）以教学综合评价为手段，助推"教"和"学"的思政融入。通过对课程理论教学、实践教学过程的评价，考查学生课堂表现、仪器操作的规范、实训设计能力、团结协作能力、总结报告能力等方面，采取学生自评、小组自评、教师评价、企业人员评价、产品鉴评等多样化评价方式，实现评价结果公平公正公开，促进成果共享、经验互学、技能互进，德育共同提高的多赢局面。

（5）总结归纳，寓教于产品，融思政于教学。回溯碳酸饮料产品生产全过程，将思政主题蕴含于碳酸饮料生产课程体系，以融入点承载核心思政主题的方式，探寻实现知识传授和价值观引导的最佳方式，将思想政治教育目标落实于专业课教学之中，寓思政于产品，全面塑造新时期大学生爱国守法、明礼诚信、团结友爱、勤俭自强、敬业奉献的品格。

五、效果分析

充分考虑食品科学与工程专业的学科属性，以传授饮料生产技术专业知识作为教育基础，渗入以思想政治教育为核心的经典案例，有目的、有计划地增加价值理念、政治观点、道德规范内容，使学生潜移默化地掌握技术技能的同时，兼具职业素养、社会道德品质，树立正确的世界观、人生观、价值观。

"课程思政"教学改革优秀案例 15

毕业实习

课程名称：毕业实习

主讲教师：王金鹏、滕雯迪、侯殿志、李金旺、叶高琪、路世熠、赵国萍

适用专业：食品科学与工程

课程类别：本科生专业课

一、案例主题

培养学生求实务实理念，树立健康食品数字化生产趋势的发展意识。

二、结合章节

结合本专业毕业实习大纲及专业培养目标。

三、案例意义

毕业实习以求真务实理念为核心，对本科期间所学习的专业课宗旨进行整体凝练和实践提升，学生除了要掌握食品化学原理，还要结合食品工程和食品工厂设计课程内容分析实际应用与理论的区别，从中挖掘理论与实践的区别，找出理论难以支撑实践的落后点。同时还要关注食品制造业健康化发展以及数字化应用在食品生产中的重要性，使学生了解食品领域发展大趋势。

四、案例描述

世界人口不断增长，人类所面临的食品压力也越来越大，食品安全问题日益受到人们的关注。当今世界处于百年未有之大变局，"共建共享、全民健康"成为我国"健康中国2030"目标的战略主题，这将促进大众健康与经济社会进一步良性协调发展。食品科学与工程专业作为培养食品科学与工程技术人才的专业，肩负着保障食品安全、提高食品质量的重要使命。为了更好地培养学生的求实务实理念，树立健康食品数字化生产趋势的发展意识，本案例以食品科学与工程专业本科毕业实习为背景，通过实习过程中的指导和实际操作，使学生掌握本专业的基本理论知识和基本生产操作技能，培养学生的实践能力和创新精神，为我国食品工业的发展做出贡献。

实习是将所学的专业理论知识应用于实际工作中的过程，有助于学生更好地理解和掌握专业知识，提高分析和解决问题的能力。通过实习，学生可以在企业实验室、车间等实际工作环境中进行操作，培养自己的动手能力和实践经验，形成求实务实的工作作风，为将来的工作打下坚实的基础。实习期间，学生可以接触到更多的行业信息和企业资源，了解食品行业的发展动态和前沿技术，拓宽自己的职业发展视野，结合当前食品工业发展趋势，引导学生关注数字化生产技术在食品工业中的应用，能够培养学生运用现代科技手段进行食品生产的意识。

生产车间的实习生需要认真学习生产设备的工作原理和操作方法，了解生产过程中的各项指标要求，感知市场需求变化，熟悉数字化、智能化在企业生产更新迭代过程中的重要意义；积极参与生产现场的管理，协助解决生产过程中遇到的问题；关注产品质量和安全，遵守企业的安全生产规定。研发部门的实习生需要认真学习产品研发的基本流程和方法，了解产品研发过程中的各项要求；积极参与新产品的研发工作，协助完成产品的实验室测试和数据分析；关注市场需求，提出改进产品的建议和意见。市场部门的实习生则需要认真学习市场信息的收集和分析方法，了解当今逐渐趋向于健康食品倾向的消费者需求；积极参与市场调查和分析报告的撰写；关注竞争对手的市场动态，提出改进市场营销策略的建议和意见。

宝贵的实习经历可以丰富学生的简历，提高就业竞争力。企业在招聘时往往更青睐具有实习经验的应届毕业生，因为这意味着他们具备较强的实际操作能力和适应能力。实习过程中，学生需要遵守企业的规章制度，学会与他人合作，学会在团队中发挥自己的优势，在该过程中培养良好的职业道德和职业素养，提高团队协作能力。本科学习最后阶段的毕业实习更能够让学生清晰地了解自己所学专业的实际应用和发展前景，通过实习过程中的创新项目，激发学生的创新思维，培养学生的创新能力，从而明确自己的职业兴趣和发展方向，对于学生的职业发展和专业成长具有重要意义，有助于提高学生的综合素质和就业竞争力。

学生们在实践中学习了求真务实的理念，树立了健康食品数字化生产趋势的发展意识；在团队协作中锻炼了自己的沟通能力和团队精神；在创新项目中激发了自己的创新思维和创新能力。总体而言，深入企业内部的实习是学生们今后学习和工作能力提升的重要环节和捷径。

五、效果分析

通过毕业实习课程思政实践，我们发现，将思政教育融入专业实习中，可有利于帮助学生在实践中培养务实的工匠精神和不断发展的理念，为将来进入社会、顺利适应工作岗位打好坚实的基础。

"课程思政"教学改革优秀案例 16

食品物性学

课程名称：食品物性学

主讲教师：朱运平、郦金龙

适用专业：食品科学与工程

课程类别：本科专业必修课

一、案例主题

激发学生形成坚持创新和热爱科学的科学精神。

二、结合章节

案例结合《食品物性学》第二章《食品的主要形态与物理性质》中"淀粉的液晶态结构"有关内容。

三、案例意义

食品物性学是以食品（包括食品原料）为研究对象，研究其物理性质的一门科学，包括对食品本身理化性质的分析研究和食品物性对人的感官产生的感觉性质的研究。通过本课程的学习，学生可掌握食品的主要形态及物理性质、食品力学特性（流变特性和质构特性）、光学特性、介电特性和热学特性。由于食品物性是食品微观结构的宏观表现，尤其是食品力学性质是食品在力的作用下产生变形、振动、流动、破断等现象的规律，以及这些规律与感官评价的关系，所以，它与食品的形态以及加工方式密切关联。食品中的主要化学成分淀粉及蛋白质均以大分子的形式存在，大分子的微观结构及形态存在形式将直接决定食品的宏观物理性质。通过本案例的运用，有助于激发学生形成坚持创新和热爱科学的科学精神。

四、案例描述

食品的组成与结构都比较复杂，在分子层面上，有一定量的大分子和小分子相互作用，且二者比例是动态变化的，如蛋白质的不断降解过程就是大分子比例减少，小分子比例增加的过程；在结构形态层面，有晶态、液晶态、液态、不定形和气态，这些形态往往相互掺杂或转变。食品的组成和微观结构不断变化，将导致食品在宏观上表现出食品质地、流变学特性的变化，或者引起食品光、电、热特性的变化。探究淀粉在加工过程中微观结构的变化对了解食品宏观物理特性具有重要作用。

淀粉是很多食品中的重要大分子化合物，也是粮食作物的主要成分，对人类的重要性不言而喻，那么淀粉是如何合成的呢？一般而言，淀粉的合成主要是通过植物的光合作用固定二氧化碳进行。但这样的淀粉生产，存在能量利用效率低、生长周期长的问题。科学家很早就开始思考：如果不依靠植物，是否也可以获得淀粉？如果由土地种植转向工厂制造，人类不需要靠天吃饭，或许可以解决粮食危机，如果可以将二氧化碳"变成"淀粉，或许可以解决全球变暖危机。但是人工合成淀粉，要模拟植物的光合作用过程，设计人工生物系统，这其中的科学问题非常复杂，技术路线不清，瓶颈问题难以解决，可以说实现这一目标并不容易，然而一旦成功将成为影响未来的颠覆性技术。

中国的科学家，在人工合成淀粉这一科学研究上大胆实践、勇闯"无人区"。2021 年 9 月 24 日，中国科学院天津工业生物技术研究所的科研团队在人工合成淀粉方面取得重大突破性进展，首次在实验室实现二氧化碳合成淀粉；提出一种颠覆性的不依赖植物光合作用的淀粉制备方法，以二氧化碳、电解产生的氢气为原料，成功生产出淀粉，使淀粉生产从传统农业种植模式向工业车间生产模式转变成为可能。这一突破得到该领域一批国际知名专家的高度评价，被认为是一项重大的国际挑战，是利用合成生物学解决当前社会面临的若干重大挑战的案例，是典型的"0 到 1"的原创性成果，可对下一代生物制造和农业发展带来变革性影响。

五、效果分析

人工合成淀粉不仅是科技创新的重要成果，也体现了食品科技工作者在技术开发和实践中所应具备的创新精神和社会责任感；引发学生思考，让学生认识到科技强国的重要性，在自身擅长的领域可以做出划时代的贡献，充分增强学生的民族自豪感和自信心，激发学生形成坚持创新和热爱科学的科学精神。

"课程思政"教学改革优秀案例 17

食品物性学

课程名称：食品物性学

主讲教师：朱运平、郦金龙

适用专业：食品科学与工程

课程类别：本科专业必修课

一、案例主题

激发学生对中国传统饮食文化和哲学思想的认同。

二、结合章节

案例结合《食品物性学》第五章《食品质构与感官检验》中"食品的质构特性及其研究目的"有关内容。

三、案例意义

在我国悠久的饮食文化中，既有众多散发着古老智慧的食品加工技术，也闪现着中国独特的哲学思想和文化精髓。通过本案例的运用，有助于激发学生对中国传统饮食文化和哲学思想的认同。

四、案例描述

食品的力学性质与食品的物化、生化变化情况有着密切的联系，更与所采用的食品加工方法有关，如混合、搅拌、筛分、压榨、过滤、分离、粉碎、整形、搬运、输送、膨化、成型、喷雾等。食品质构特性是食品的主要力学性质，是指眼睛、口中的黏膜及肌肉所感到的食品的性质，包括粗细、滑爽、颗粒感等，或者是指力学的、触觉的，可能的话包括视觉的、听觉的方法能够感知的食品流变学特性的综合感觉。

作为食品而言，食品加工技术的应用存在于其从原料到成品的各个环节，不同的加工手段，或者不同的加工阶段，都赋予食品不同的质构特性，并深刻影响着食品的食用感官、实用性、商品性、嗜好性等。

在佛教经典《大般涅槃经》中，将人生比喻为"五味"：乳味，酪味，生酥味，熟酥味，醍醐味。佛教认为，众生为牛，声闻为乳味，缘觉为酪味，菩萨为生、熟酥味，而佛则是醍醐味。醍醐灌顶则是精神满足的最高境界。虽然"人生五味"有着鲜明的佛教教义，但是其中也体现了食品加工对于食品质构的影响这一物性学的基本科学逻辑。例如，《大般涅槃经》提到："譬如从牛出乳，从乳出酪，从酪出生酥，从生酥出熟酥，从熟酥出醍醐。醍醐最上"。其中"从乳出酪"是指，由于生牛奶中细菌的存在，静置的过程中还会顺带着发生轻度的发酵，这种发酵有时给牛奶带来了更加醇厚的风味，有时也会导致牛奶凝结成块。静置之后牛奶自动分层。经过静置之后的牛奶，古人就称之为"酪"，是鲜奶油和鲜奶酪的组合。

五、效果分析

中国饮食文化博大精深，食品加工手段也是丰富多彩，直至今日，仍有很多传统美食和传统食品加工技艺，都体现了我们中国文化独特的魅力和中国人独特的智慧。通过在本课程讲授阶段，将食品质构相关知识点与中国传统饮食文化与食品加工技法相结合，既能加深学生对知识点的感性认识与理解，也能激发学生对传统文化的兴趣。

"课程思政"教学改革优秀案例 18

食品安全学概论

课程名称：食品安全学概论

主讲教师：赵亮、刘国荣、李金旺

适用专业：食品科学与工程

课程类别：本科生专业必修课

一、案例主题

培养学生树立道德与责任意识，端正科学态度，增强国际视野及辩证看待事物。

二、结合章节

案例结合《食品安全学概论》第六章《转基因食品的安全性及其评估》中"转基因食品的定义、类型、发展及应用；转基因食品的安全性问题""转基因食品的安全性评价原则、方法及步骤""食品中转基因成分鉴定及其含量测定方法"等内容。

三、案例意义

本课程主要让学生了解转基因技术在食品工业中的应用现状、转基因食品的潜在危害与争议。让学生理解掌握转基因食品安全评价的基本原则、内容、评价方法与管理。在讨论转基因食品的安全性及其评估时，培养学生的道德和责任意识，引导学生思考食品科学家和食品生产者的职业道德和社会责任，探讨如何科学地评估转基因食品的安全性，并为社会提供安全、健康的食品。强调科学态度对于评估转基因食品的重要性，引导学生树立科学、客观、严谨的态度，避免盲目相信或完全排斥转基因食品，而是要用科学证据来评估其安全性。引入国际上对转基因食品的安全性评估标准和政策，引导学生了解国际食品安全标准和法规，培养学生的国际视野和跨文化交流能力，同时也可以让学生了解不同国家在转基因食品领域的不同政策和态度。

四、案例描述

"转基因食品的安全性及其评估"在"食品安全学概论"课程中是一个重要的章节。转基因食品是指利用基因工程方法修改生物体的基因，从而改变其性状，包括提高抗病性、耐寒性、产量和营养价值等。这样的食品在人类生活中扮演着越来越重要的角色，但同时也引发了对于其安全性的争议。评估转基因食品的安全性需要从多个角度进行，包括对人体健康、环境以及生物多样性的影响。对于人体健康，需要考虑的因素包括转基因食品对人体免疫系统、生殖系统、神经系统等的影响，以及是否存在致癌、致畸、致突变等潜在风险。同时，还需要考虑转基因食品是否可能导致过敏反应，以及营养成分的改变等。在环境方面，需要考虑转基因食品对生态系统的影响,包括对非目标生物的影响、对土壤和水资源的污染、对生物多样性的影响等。此外,转基因食品的漂移也是一个值得关注的问题,即转基因成分可能会通过花粉飘散等方式传播到其他植物上或动物身上,导致不可预知的影响。在评估转基因食品的安全性时,还需要考虑伦理和法律层面的问题。例如,对于一些具有特殊功能的转基因食品,如用于治疗疾病或增强身体机能的食品,需要遵循严格的监管和审批程序,以确保其安全性和有效性。总的来说,转基因食品的安全性评估是一个复杂且持续的过程,需要多学科的合作和持续的研究。在未来的食品安全学课程中,转基因食品的安全性及其评估将仍然是一个重要的课题,需要深入研究和探讨。

转基因食品的安全性评估需要遵循公正原则,对利益和风险进行全面、客观、公正的评估。这包括对转基因食品的食用安全、环境安全、经济和社会影响等方面进行评估,并考虑到不同人群的差异和需求。同时,需要避免利益冲突和偏见,确保评估结果的公正性和可信度。政府和企业需要承担相应的责任,确保转基因食品的安全性和合法性,避免出现安全问题和欺诈行为。同时,需要加强对转基因食品的监管和审查,保障人类的健康和安全。习近平总书记曾谈到对转基因问题的看法:"转基因是一项新技术,也是一个新产业,具有广阔的发展前景。"要用科学的态度对待这项新的技术,开展转基因生物安全检测与评价,严格规范生物技术及其产品的安全管理,积极推动生物技术有序健康发展。

此外,在教授"转基因食品的安全性及其评估"课程过程中,还可以引导学生正确看待生命和生物科技,理解基因改造的生命观是对自然界的延伸和拓展,是科技发展的必然结果。同时,强调尊重生命、珍爱生命,遵循伦理规范,确保科技发展不违背人类福祉。强调在科学研究和技术开发中,要遵守道德规范,尊重他人知识产权,不进行恶意篡改和造假。同时,要关注社会责任,确保转基因技术的研究和应用符合社会发展和人民利益。强调实践是检验真理的唯一标准,转基因食品的安全性评价需要通过科学实验和长期实践来验证。引导学生树立实践观，注重实验证据和数据可靠性，避免主观臆断和偏见。鼓励学生在学习转基因食品安全性评价知识的过程中，培养创新精神，积极探索新方法和技术，为转基因技术的发展和应用贡献自己的智慧和力量。引导学生关注环保问题，了解转基因食品对于生态环境的影响，树立环保意识。同时，强调绿色发展理念，推动转基因技术朝着环保、高效、安全的方向发展。

五、效果分析

通过《食品安全学概论》的课程思政实践，我们发现，学生不仅掌握了本门课程中的基础知识，还树立了严谨的科学态度，学会了辩证地看待事物，增强了环保意识，学生"人与自然和谐相处"的意识有了明显提升。课程思政的引入帮助学生深入了解和领会了社会主义核心价值观的内涵，将其内化为自己的行为准则，形成了正确的世界观、人生观和价值观，坚定了理想信念，增强了社会责任感；课程思政的引入提升了学生的道德情操和公民素养，包括诚实守信、尊重他人、关心他人等道德品质和行为习惯，以及遵守法律、参与社会事务等公民素养；课程思政的引入提高了课程的教学质量和效果，将思想政治教育融入教学过程，使二者相互促进，实现学生的全面发展。

"课程思政"教学改革优秀案例 19

食品分析（含实验）

课程名称：食品分析

主讲教师：刘野、张雨、邹婷婷

适用专业：食品科学与工程

课程类别：本科生专业课

一、案例主题

培养学生树立正确的食品分析方法及辩证的思考方式。

二、结合章节

案例结合食品分析理论课《蛋白质》，以及食品分析实验课第 4 次实验——半微量凯氏定氮分析。

三、案例意义

案例突出辩证创新，既尊重科学知识，又重视工程创新。教师引领学生在学习科学知识的同时，依据实事求是的原则，具体问题具体分析的唯物辩证观点，对具体工程问题进行解释和阐明。令学生了解科学与工程的联系和区别。

四、案例描述

2017 年《高校思想政治工作质量提升工程实施纲要》明确提出要大力推动以"课程思政"为目标的课堂教学改革。2019 年《教育部关于深化本科教育教学改革全面提高人才培养质量的意见》和《教育部关于一流本科课程建设的实施意见》中都提到，要把课程思政建设作为落实立德树人根本任务的关键环节，深入挖掘各类课程和教学方式中蕴含的思想政治教育元素。

食品分析"课程思政"内容主要集中于大学生诚信教育、增强社会责任感。在食品成分分析中，关于蛋白质含量的测定，目前常用的有四种经典方法：①凯氏定氮法；②双缩脲法（Biuret 法）；③Folin-酚试剂法（Lowry 法）；④紫外吸收法。另外，在生物化学分析中一般使用考马斯亮蓝法（Bradford 法）。

需要注意的是，除了凯氏定氮法，其他几种方法并不能在任何条件下适用于任何形式的蛋白质。任何一类含蛋白质的样品用这四种方法测定，都有极大可能得出四种不同的结果。每种测定法都不是完美无缺的，都有优缺点。在选择方法时应考虑：①实验对测定所要求的灵敏度和精确度；②蛋白质的性质；③溶液中存在的干扰物质；④测定需要花费的时间。

凯氏定氮法是丹麦化学家凯道尔（Kjeldahl）于 1883 年提出的，历经 140 多年的发展后已逐步趋于成熟和完善。凯道尔发明凯氏定氮法的最初目的是检测啤酒原料谷物中蛋白质的含量，后经多次改进，检测过程不断简化，检测结果的重现性和可靠性逐步提高，最终被人们广泛采用。目前凯氏定氮法已成为众多国家和组织机构检测蛋白质的标准方法，被各领域学者和研究人员应用于蛋白质的检测中。

凯氏定氮法主要分为消化、蒸馏和滴定三大步骤。消化的作用是将氮元素从被测样品中分离出来。其基本原理是含氮有机化合物在高温浓硫酸中被氧化为 CO_2、H_2O、NH_3 以及一些其他相关化合物，产生的 NH_3 进一步与 H_2SO_4 作用生成$(NH_4)_2SO_4$。

蒸馏的作用是将氨从消化产物$(NH_4)_2SO_4$ 中分离出来。其基本原理是$(NH_4)_2SO_4$ 遇浓碱（大多用 NaOH）分解为 Na_2SO_4 和 NH_4OH，加热后 NH_4OH 从溶液中挥发出来分解成水蒸气和游离的 NH_3，为了防止 NH_3 的扩散流失用一定浓度的硼酸（H_3BO_3）溶液吸收蒸气，H_3BO_3 与蒸气中的 NH_3 结合生成碱性的 $NH_4H_2BO_3$（NH_4^+和 $H_2BO_3^-$）。蒸馏是凯氏定氮法中较为关键的步骤，实验操作的准确性、游离 NH_3 的蒸发效率及吸收程度直接决定检测结果的重现性和准确度。

滴定用于对溶液中的铵离子（NH_4^+）进行定量。其基本原理是 $NH_4H_2BO_3$ 与强酸反应生成中性的铵盐和 H_3BO_3。一般采用标准浓度的 HCl 对 $NH_4H_2BO_3$ 溶液进行滴定，根据消耗 HCl 或 H_2SO_4 的量计算出氨的含量，进一步折算成氮的含量以后根据蛋白质中氮元素的比例，最终推算出被测样品中蛋白质的含量。

凯氏定氮法的优点和局限性：凯氏定氮法之所以能历经 140 多年仍在广泛流传主要是因为它具有应用范围广、重现性好、准确度高、灵敏度高、样品用量少等众多优点。从国内外的研究与应用现状可以看出，不论被测样品是固体、溶液，还是浑浊液，凯氏定氮法都能适用；对同一样品的多次测量的重现性好、平行度高，平行误差极小；检测限低、灵敏度高，对氮的最低检测限低于 50 μg。

同样，从国内外的研究和应用状态也可以看出，凯氏定氮法主要局限于样品中总蛋白的检测。从凯氏定氮法的基本原理可以看出，消化的实质是氧化过程，除了蛋白质以外，其他能被浓硫酸氧化的含氮化合物在消化过程中也会产生$(NH_4)_2SO_4$，即凯氏定氮法测量的是总有机氮。因此凯氏定氮法测量总蛋白时极易受到被测样品中其他有机含氮化合物的干扰，若被测样品中含有尿素、碳酸铵、氯化铵、三聚氰胺等物质时，检测结果就不准确。

要去除非蛋白氮的干扰，一般先添加三氯乙酸等溶液将蛋白质变成沉淀过滤掉，然后再次采用凯氏定氮法或其他方法测量出滤液中的非蛋白氮，扣除掉非蛋白氮的含量以后才能得到被测样品中总蛋白的含量。

习近平总书记在党的十九大报告中提出"实施健康中国战略"，充分体现了党和国家对人民营养健康和食品安全的高度重视。在食品分析课程的营养素含量分析部分融入"健康中国战略"思政元素，极大地提升了学生的使命感。党的十九大报告提出："坚持总体国家安全观""统筹发展和安全，增强忧患意识，做到居安思危，是我们党治国理政的一个重大原则。"在凯氏定氮法测定蛋白质含量内容部分结合"三聚氰胺奶粉"事件，引导学生深入思考其危害程度、食品分析方法的局限性、控制及改善措施等，让学生深刻认识到食品安全与生命健康息息相关，极大地增强了学生的责任感。

五、效果分析

"食品分析"作为食品科学与工程专业的主干课程，是"大思政"建设的重要载体。课程效果主要有以下三点。

1. 筑牢思政教育的"底色"

我国社会主义教育就是要培养社会主义建设者和接班人。因此，注重汲取中华优秀传统文化的思想精华和道德精髓，大力弘扬以爱国主义为核心的民族精神和以改革创新为核心的时代精神。

2. 突出课程内容的"特色"

课程分为理论课、实验课和延续教学部分。在理论课部分，食品中营养成分分析内容紧密联系中华饮食文化，食品安全检测内容衔接国家安全观；在实验课部分，可以将课程思政的精髓进一步升华，使之深入人心，真正使思政理论与具体实践相融合。

3. 体现润物无声的"成色"

让专业内容与思政内容起"化学反应"，使思政内容"因势利导、顺势而为"地自然融入课程教学，在课程中体现"思政味"，因情感共鸣，起到"润物无声、潜移默化"的效果。

"课程思政"教学改革优秀案例 20

食品机械与设备

课程名称：食品机械与设备

主讲教师：陈存社、王金鹏

适用专业：食品科学与工程

课程类别：专业必修课

一、案例主题

培养学生高效、安全、节能环保的生产理念。

二、结合章节

案例结合《食品机械与设备》中《清洗机械与设备》内容。

三、案例意义

本课程立足于清洗机械与设备的分类、构成、工作原理与应用，从对设备的结构组成解析开始，引导学生对清洗机械与设备各组件的作用和工作原理进行详细分析，重点关注清洗设备的工作效率、生产安全性、能源利用特点以及节能环保等方面，并进一步引导学生从人体工学角度探讨设备的合理性和操作安全性，启发学生在生产中追求节能环保的同时，要确保生产效率，控制生产成本，并满足人文关怀的需求，以帮助学生树立正确的价值观。课程教学培养了学生的工程思维能力，并提高了他们的专业素养、系统思维和逻辑思维能力。

四、案例描述

清洗机械与设备的学习按照清洗对象进行分类学习，对生产设备进行清洗的设备主要是 CIP 清洗系统。CIP 是 cleaning in place 的简称，往往与 SIP（sterilizing in place）配合操作，有的 CIP 系统本身就可用作 SIP 操作。CIP 清洗效果与清洗能和清洗时间有关，包含动能、热能、化学能。通过回顾食工原理课程学到的动能、热能、化学能的影响因素，促使学生将所学专业课融会贯通。

结合实物图向学生介绍 CIP 设备，其主体由控制柜、储罐、泵、换热器、过滤器及管道阀门等构成。从化工原理的单元操作来理解，这些系统构成中，提供动能的主要是泵。通过泵的作用，流体在系统内及生产线上完成循环。泵的流量和扬程是在测算清洗能力时定下的，泵提供动能后，相关的物理参数为雷诺数。提供热能的是换热器，换热器属于间壁式类型。提供化学能的，主要是试剂，工厂常用稀酸、水、稀碱等，也有一些去污表面活性剂用于难清洗的场景。启发学生从成本、清洗效果和清洗场景等三方面系统考虑 CIP 系统的主要构成各自的作用、安装位置、对于能源的节约作用等，进一步结合食品生产线容易产生食物残渣的特点，讨论 CIP 的结构组成中过滤器的作用以及过滤器安装场景，培养学生全面系统的思维能力。

　　局部的细节是构成整体的重要组成部分，它们相互关联、相互影响。因此，教学过程中引导学生对整体和局部进行充分地观察和分析，以获取准确全面的信息。整体的控制系统方面，结合工业 4.0 的自动化发展思路，启发学生思考自动控制、人工控制和智能控制的区别，并结合 CIP 系统分析控制系统主要是控制 CIP 系统的温度、压力、阀门、泵的关闭和开启。

　　引导学生认识到在整个系统中，决定成本的就是这个控制系统和不起眼的阀门，并进一步带给学生启示：有时候我们往往过分关注那些高调、显眼的部分，而忽视了一些看起来平凡普通的细节。然而，正是这些平凡的细节，才构成了一个完整的体系，发挥着重要的作用。无论是在个人生活中，还是在工作、管理、经营等方面，我们都应该重视那些看起来不起眼的部分，因为它们可能转变为关键的因素。所以，这提醒我们要全面、细致地审视问题，不要因为某些事物的表面显著性而忽视了其他重要的因素。

　　对于食品生产，了解设备的主要构成和工作原理是至关重要的。然而，单纯的理论知识还不足以满足实际生产的需要。只有将所学的知识应用于实际生产，才能真正体现其价值。在课程教学中，我们不仅仅简单地展示了多种食品生产场景，更注重通过启发学生的讨论思考，帮助他们更好地理解和应用 CIP 系统。通过具体的案例，我们展示了 CIP 系统在不同生产线中的广泛应用，分析了不同生产线的特点，并深入探讨了 CIP 系统的不同应用类型。通过这种方式，我们希望激励学生拓展思路，将所学的知识运用到实际生活和工作中。

　　本次课程的教授推动了学生思考的范围从局部逐渐拓展至整体，从表面的理解升华为深入的思考，全面提升了学生的思维能力。在学习的过程中，不仅局限于工科知识，更有了人文方面的思维拓展，逻辑思维和全局思考能力也得到了强化，使得学生们深刻体会到高效、安全、环保的理念，并能将所学知识应用于食品行业。

五、效果分析

通过在课堂中引入思政元素，我们发现学生在不自觉中接受了全新的价值观，他们能够从客观、开放、人文的角度思考工程问题，进而增强他们对工程能力提升的信心，并将工程设计理念运用到日常生活中。这对于学生将来参与社会建设以及食品行业的发展都起到了重要的推动作用。

"课程思政"教学改革优秀案例 21

食品工厂设计与环境保护

课程名称：食品工厂设计与环境保护

主讲教师：刘泽龙、何亚荟、马铁铮、王振华

适用专业：食品科学与工程

课程类别：本科生专业必修课

一、案例主题

通过我国典型液态食品等包装机械企业的成长之路，体现相关设计环节的发展趋势和我国产业自力更生、开放进取的发展成就。

二、结合章节

适用于《食品工厂设计与环境保护》中绪论以及食品工厂工艺设计部分。

三、案例意义

食品工厂建设原则以及工艺设计的相关知识是本课程的重要内容之一，学生也需要在课程学习中了解工业系统集成、计算机技术、智能制造等在食品工厂设计中的应用和趋势。与此同时，所举案例涉及国内民族企业通过独立自主或开发方创新，依托核心技术与新技术突破国外企业和技术的垄断，可以加深学生对专业知识的理解，并促进学生形成积极和正确的职业观。

四、案例描述

包装是食品生产中的重要一环。我国包装机械行业经过 70 多年的发展，与进口设备的差距不断缩小，并在高端无菌设备方面取得了重大突破。该行业起源于 20 世纪 50 年代，最初用于香烟、酒类等产品的包装生产。70 年代末至 80 年代初，随着商品经济的快速发展，包装机械开始仿制进口设备，许多高校设立了包装机械专业以培养人才。80 年代末，我国企业生产出了基本齐全的设备类型，初步满足了用户需求，实现了跨越式发展。然而，当时的设备技术含量较低，与同期先进技术相比存在差距，且国内工业基础薄弱，无法满足要求，制约了行业的发展。90 年代初，外资进入中国，大量先进技术涌入。进入 21 世纪后，企业加大了自主创新力度，发展速度加快，设备技术含量提高，满足了国内中小规模生产的需求。同时，基础工业得到发展，高端设备使用进口或合资品牌的元器件，设备可靠性提高，近年来尤其是高速无菌灌装技术取得了重大突破。随着我国包装机械产品质量的提升，进出口贸易保持稳中向好的发展，贸易顺差不断扩大。在"十三五"期间，我国包装机械产品的综合性能和自动化水平不断提升，与国际先进技术装备的差距缩小。中端产品基本实现国产化，整机技术水平和可靠性不断提高；部分成套产品性能达到或超过国外先进水平，开拓了国际市场，实现了从长期依赖进口到部分自主化并成套出口的跨越。然而，我国高端包装机械产品的性能和核心技术与欧美发达国家相比仍存在一定差距，部分国产高端装备和高速生产线的关键零部件性能达不到要求。因此，我国仍然依赖进口高端设备，进口金额巨大，与出口相比存在较大差距。

我国液态食品包装机械上市公司有永创智能、中亚股份、乐惠国际等。它们已开始整合前后道的产品，形成了提供整套产线解决方案的能力，并且在液态食品包装领域不断扩展。以永创智能为例，成立于2002年的永创智能专注于后道包装设备及相关包装材料领域。其后道包装设备涵盖了纸箱成型机、制盒机、真空包装机、装盒机、装箱机、封箱机等一系列设备。此外，捆扎机、捆膜机、码箱垛机等捆扎码垛设备，以及贴标机、打码机等设备也在产品线中。永创智能的包装材料主要分为PP捆扎带和PE拉伸膜两大类，与其包装设备形成了良好的协同效应。自2011年起，永创智能开始实施无人包装战略，致力于实现包装环节的集成化、连续化和无人化。公司提供的智能包装生产线不仅包括食品和饮料领域，还包括医药、化工、造币等多个行业。近年来，永创智能还积极开拓前道设备市场，推出了针对啤酒、酸奶、低温奶、白酒等产品的智能包装生产线，实现了包装环节的系列化、智能化、无人化。液态食品前道包装因卫生和效率等要求，自动化程度较高，而后道的装箱、码垛等环节过去更多地依赖人工操作。随着人力成本的上升，包装自动化成为工业4.0中不可或缺的环节，这将使得永创智能受益。在2011年至2020年，永创智能的智能包装产线营收稳步增长，从1.22亿元增至7.25亿元，占公司总营收的比重从23.82%提升至35.88%，成为公司的重要增长引擎之一。此外，永创智能还积极拓展海外业务，成立了荷兰子公司、德国子公司等，并将产品销往美国、德国、韩国、意大利等多个国家和地区。随着时间的推移，公司在海外市场的竞争力逐渐增强，营收近十年间增加了15倍。

　　总之，我国液态食品包装机械上市公司在不同领域内展现出强大的技术实力和市场影响力，不仅在国内市场有着广泛应用，还在海外市场取得了显著的成就。

五、效果分析

　　通过了解我国食品包装工厂从模仿到超越的跨越式发展过程，可激发学生的民族自豪感，培养学生的爱国热情。在教学环节融入思政元素，有助于学生在知识、技能、素养、情操和家国情怀方面达到培育目标。

　　创新驱动的事例也会提升学生对开展创新创业活动的意识与激情，促进学生自学强识、理论强知、实践强技。

"课程思政"教学改革优秀案例 22

现代食品分析

课程名称: 现代食品分析

主讲教师: 邹婷婷、郭天洋、毕爽

适用专业: 食品质量与安全(贯通)

课程类别: 本科生专业课

一、案例主题

培养学生守正创新意识,弘扬科学家精神。

二、结合章节

案例结合《现代食品分析》中《水分》"水分的测定"内容。

三、案例意义

　　水分是人体必需的七大营养素之一，也是食品的重要组成部分，水分测定是食品分析的重要研究内容。其中，食品中水分活度的测定对于预测食品的货架期、控制产品品质等方面具有重要的价值和意义。长期以来，水分活度的测定均采用耗时、耗力的传统方法，直至我国开发出第一台水分活度测定仪。本课程以科学研究的创新意识和伟大的科学家精神为中心，在授课过程中融入思政元素，要求学生在掌握水分活度测定方法和原理的基础上，进一步开拓学生的创新意识和思想，培养学生勇于创新的精神，增强学生为祖国科技强大贡献力量的信心。

四、案例描述

　　食品水分活度是判定食品腐败变质和保质期的重要参数。水分活度表示食品中水分存在的状态，反映水分与食品成分的结合程度或游离程度。结合程度越高，水分活度越低，食品的保质期越长，越不容易变质；结合程度越低，水分活度越高，食品储存期越短，越易腐败变质。在同种食品中一般水分含量越高，其水分活度越大，但不同种食品即使水分含量相同，水分活度往往也不同。因此水分活度的测定是实现判定食品储藏稳定性、调整食品水分活度、延长食品保质期等目标的重要指示因子。

　　水分活度的测定方法很多，如康卫氏皿扩散法、蒸汽压力法、溶剂萃取法、近似计算法。传统的水分活度测定法需要将食品研磨成粉后进行，对食品的破坏性较大，同时存在一定误差，并且费时费力。现代食品工业中常采用水分活度测定仪法（A_w测定仪法）测定食品的水分活度，其原理是在一定的温度下，用标准饱和溶液校正 A_w 测定仪的 A_w 值，在同一条件下测定样品，利用测定仪上的传感器，根据食品中的蒸汽压力的变化，从仪器表头上读出指示的水分活度。

操作过程中，首先是仪器校正，将两张滤纸浸在 $BaCl_2$ 饱和溶液中，待滤纸均匀地浸湿后，将它置于仪器的样品盒内，并将具有传感器装置的表头放在样品盒上，移至 20℃ 恒温箱中，维持恒温 3 h 后，再将表头上的校正螺丝拧动，使 A_w 值为 9.000。其次是样品测定，取经 15～25℃ 恒温后的适量试样，置于仪器样品盒内，保持表面平整而不高于盒内垫圈底部。将具有传感器装置的表头置于样品盒上，移至 20℃ 恒温箱中，保持恒温放置 2 h 以后，不断从仪器表头上观察仪器指针的变化状况，待指针恒定不变时，所指示数值即为此温度下试样的 A_w 值。

上海海洋大学达式奎教授带着研究生克服了一个又一个困难，经过十年的不懈努力，于 1995 年发明了水分活度动态测定法和我国第一台水分活度测定仪，并在 2001 年获得国家知识产权局颁发的发明专利证书。达式奎教授的发明不必破坏食物，可在其表面任意位置测定，3 min 即可完成，且准确度比较高，被认为达到国际领先水平。除此之外，达式奎教授对学校、国家充满深情，对事业有无限热情。已到耄耋之年的他仍到他专用的实验室工作，带研究生发挥余热，心里仍惦记着将发明成果尽快为百姓带来实惠。"相信科学，不断创新"是他一贯信奉的准则，达式奎教授对学问孜孜不倦，用先进思想、赤诚之心引导和激励着自己报效祖国，他的精神和事迹为学生树立了鲜活的科学家精神榜样。达式奎教授的身体力行契合党的二十大报告中指出的"必须坚持科技是第一生产力、人才是第一资源、创新是第一动力，深入实施科教兴国战略、人才强国战略、创新驱动发展战略，开辟发展新领域新赛道，不断塑造发展新动能新优势"的重要指示。

五、效果分析

以党的二十大精神为指导思想，在"现代食品分析"课程中充分挖掘课程思政元素，并融入"水分活度测定"课程内容中。通过我国第一台水分活度测定仪发明的案例，充分启发学生的创新精神和科学家精神，有助于培养德智体美劳全面发展的食品专业型人才，有利于学生今后在就业、生活中树立正确的人生观和价值观。

"课程思政"教学改革优秀案例 23

食品安全学

课程名称：食品安全学
主讲教师：赵磊、尹胜、赵亮
适用专业：食品质量与安全
课程类别：本科生专业必修课

一、案例主题

引导学生树立对法治的正确认识，加深学生对食品安全涉及的相关法律法规的理解，引导学生尊法、学法、懂法、守法、用法，让学生自觉践行"自由、平等、公正、法治"的社会主义核心价值观。

二、结合章节

案例结合《食品安全学》的《导论》，与食品安全的内涵、农兽药的休药期、食品添加剂的正确应用、食品安全标准与法规、毒理学评价程序等多个知识点相吻合。

三、案例意义

社会主义核心价值观强调公平、公正、法治和爱国等价值观念，与《食品安全学》教学有着密切的关系。本课程通过教学增强学生的公平意识和公正观念。通过了解食品安全问题的背后，让学生认识到食品安全对每个人的公平权益都有着重要的意义。在教学的过程中可以培养学生的法治观念。学习食品安全法律法规，了解食品安全监管的机构和措施，可以让学生增强法治意识。此外，在教学过程中还可以培养学生的爱国情感。食品安全问题不仅关系到国民的生命健康，也关系到国家的形象和声誉。通过本课程的教学，学生将更加珍惜国家的资源，保护国家的利益，增强爱国情感。

四、案例描述

食品安全是人民生命安全和身体健康的重要保障，也是社会主义核心价值观的体现。在食品安全学的教学中，贯彻社会主义核心价值观具有重要的意义和价值。社会主义核心价值观是中国特色社会主义的重要组成部分，包括富强、民主、文明、和谐、自由、平等、公正、法治、爱国、敬业、诚信、友善。这些价值观体现了中国社会主义的理念和目标，也是培养公民道德素质和社会责任感的重要内容。食品安全作为社会主义核心价值观的延伸，要求人们关注食品生产和消费的全过程，注重公共利益和社会责任。

在理论层面上，教师在教学中通过讲解社会主义核心价值观的内涵和重要性来引导学生认识食品安全问题。例如，教师可以讲解"公正"这一社会主义核心价值观与食品安全的关系，强调食品安全违法行为的不公正性，以及保护消费者权益的重要性。教师注重培养学生的社会责任感和公民意识，使他们明白食品安全关乎每个人的生活和健康，是一个社会共同关注的问题。通过这样的教学方式，学生可以从价值观的角度来理解食品安全问题，从而增强他们的责任感和行为意识。同时通过引导学生关注食品安全问题，教育他们遵守食品安全法律法规，增强食品安全意识和自我保护能力，培养他们成为具有社会责任感的公民。

此外，教师利用案例教学的方法来教授食品安全。一个典型的案例是"三聚氰胺奶粉事件"。教师可以引导学生了解事件的背景、原因和影响，让他们明白食品安全问题不仅仅是个人行为的问题，也是社会制度和监管的问题。通过分析案例，学生可以从中吸取教训，认识到个人行为对社会的影响，从而更加重视食品安全。《食品安全法》是为保证食品安全，保障公众身体健康和生命安全制定，自 2015 年 10 月 1 日起施行，并于 2018 年 12 月 29 日修正。课堂上通过解读《食品安全法》，让学生了解国家从立法层面保障公民应享受到的食品安全权利，治理各种食品安全问题也必须在法治前提下开展。对于食品安全而言，每个公民都享有平等、公平的权利与待遇。此外，食品安全标准与法规属于法治社会的规章制度，要求食品行业的从业者必须遵守，从而有利于我国食品工业健康快速发展。

在实践层面上，贯彻社会主义核心价值观要求将理论与实践相结合，将知识应用于实际生活中。在食品安全学教学中，注重实践教学和案例分析，让学生通过实地考察、实验研究等方式了解食品安全问题的现状和解决方法。在教学过程中，教师还可以引导学生进行讨论和互动，提高他们的思辨能力和团队合作精神。例如，组织学生进行小组讨论，让他们就食品安全问题进行深入思考和交流。通过这样的互动，学生可以从不同的角度和观点来探讨食品安全问题，培养他们的批判思维和解决问题的能力。同时，鼓励学生参与社会公益活动，如志愿者服务、食品安全宣传等，让他们亲身感受到食品安全问题对社会的影响，培养他们的实践能力和社会责任感。

五、效果分析

《食品安全学》教学中贯彻社会主义核心价值观是十分重要的。将社会主义核心价值观与《食品安全学》教学相结合，可以更好地培养学生的社会责任感和道德素质。通过讲解社会主义核心价值观的内涵和重要性来引导学生认识食品安全问题，并通过案例教学和互动讨论来加深他们的理解和思考，在此基础上引导学生树立对法治的正确认识，进而引导学生尊法、学法、懂法、守法、用法，让学生自觉践行"自由、平等、公正、法治"的社会主义核心价值观。通过这样的教学方式，我们可以培养出更多关注食品安全、具有社会责任感的公民，为培养具有社会责任感和创新能力的食品安全专业人才做出贡献。

"课程思政"教学改革优秀案例 24

食品质量与安全管理学

课程名称： 食品质量与安全管理学

主讲教师： 王成涛、袁栋栋、陈伟

适用专业： 食品质量与安全

课程类别： 本科专业核心课程

一、案例主题

了解我国食品质量保证体系的发展和现状，增强学生对我国食品安全制度建设的信心与自信。

二、结合章节

案例结合《食品质量与安全管理学》第二章《食品质量管理基础》中"食品保证"的相关内容。

三、案例意义

本课程以食品毒理学相关概念和常见食品质量保证体系为主要内容，介绍食品质量保证的理念、在食品质量管理体系中的位置和作用、常见的食品质量保证体系的构成以及国内外食品质量保证体系的发展过程。重点介绍我国在近期，特别是"三聚氰胺奶粉事件"之后的食品保障体系的发展与建设，让学生了解我国食品质量保证体系的优势，引导学生理性看待食品安全事件，肯定近年来国内食品安全保障逐步提升的态势，增强制度自信。

四、案例描述

质量保证（quality assurance）是质量管理的一部分，是一系列的管理活动，这些活动是事前规定的，致力于防止质量问题的发生。也就是说，组织应建立有效的质量保证体系，实施全部有计划有系统的活动，能够提供必要的证据，从而得到本组织的管理层、第三方、用户（政府主管部门、质量监测机构、消费者协会等）的足够的信任。常见的提供质量保证的方法有提供权威的质量检测报告、产品认证和质量管理体系认证。

权威的质量检测报告，特别是通过中国合格评定国家认可委员会（CNAS）认可的检测机构及实验室出具的检测报告是对客户最直接的质量保证方法。近年来，我国经 CNAS 认可的各类认证机构、实验室及检验机构、审定与核查机构数量从 2015 年的 7592 家，增长到 2023 年的 17840 家，年均增速 10%以上，彰显我国经济在迅速发展过程中对权威检测的巨大需求和相关配套的不断完善。除了权威检测，质量管理体系认证和产品认证是更为普遍采用的产品质量保证方式。对于食品企业来说，常见的质量认证体系包括良好生产规范（GMP）、危害分析与关键控制点（HACCP）、ISO 9000、ISO 22000、ISO 14000、无公害食品认证、有机食品认证、绿色食品认证等。中国加入 WTO 之后，本土企业融入国际供应链，适应国际标准成为参与国际贸易的必要条件，这也促使一系列国际食品质量标准进入中国，成为外贸食品企业的必需标准。一时间，外贸转内销的产品成为高品质的代名词。之后，随着国内经济发展和人民生活水平的提高，老百姓对食品质量与安全性的要求不断提高，促使国内食品企业自觉提升食品品质控制能力，纷纷完成一系列国际质量管理体系的认证，包括 GMP、HACCP、ISO 9000、ISO 22000 和 ISO 14000。以 HACCP 为例，2002 年 3 月，中国国家认证认可监督管理委员会（简称国家认监委）发布《食品生产企业危害分析与关键控制点（HACCP）管理体系认证管理规定》，提出了 HACCP 认证概念，标志着中国 HACCP 认证制度的建立。2007 年，国家认监委发布《食品安全管理体系认证实施规则》，建立了食品安全管理体系认证制度。中国检验检疫科学研究院发布的《中国 HACCP 应用发展报告（1980—2021）》显示我国 HACCP 认证与应用发展迅速。报告表明，截至 2021 年 9 月，中国已经有 109 个第三方认证机构获得国家认证认可监督管理委员会的批准，具备开展 HACCP 第三方认证的资格；有 7513 家餐饮、食品加工企业获得了 HACCP 认证；有 7 个第三方认证机构获得批准，具备开展乳制品 HACCP 第三方认证的资格，532 家乳制品企业获得乳制品 HACCP 认证，其中 115 家为婴幼儿配方乳粉企业（国内企业 94 家，国外企业 21 家）。与之相对应的是食品质量水平的不断提升。2015～2020 年食品相关产品国家质量监督抽检结果表明，国家抽检 17931 批次，抽检合格率为 96.2%，产品质量总体较好。2016 年 1 月～2019 年 9 月，共抽检乳制品 4.28 万批次，其中检出不合格样品 142 批次，总体合格率为 99.67%。不断提升的合格率表明经过多年的改革与创新，我们已经找到了一条行之有效的适应中国的食品安全之路。（数据来源：孙荣旭.2022.2015～2020 年食品相关产品国家质量监督抽检结果分析[J]. 轻工标准与质量，（2）：55-57；赵娅柔, 张秀宇, 左敏, 等. 2021. 2016～2019 年前三季度我国乳制品监督抽检结果分析 [J]. 食品安全质量检测学报, 12（3）: 1184-1191）

五、效果分析

通过"食品质量与安全管理学"的课程思政实践，学生巩固了所学知识，从书本走向实践，从微观转向宏观，学会了以发展的眼光看待问题，以辩证的思维分析复杂的社会现象，以理性的思维甄别谣言。更具体来说，学生通过了解我国食品质量管理系统的发展，对比国外食品安全事件和管理体系，充分体会到了近年来我国食品质量和安全管理水平的巨大提升，学会更加理性地看待食品安全事件，体会国家政策的用心之处，从而更加坚定地维护党和国家相关政策，提高政治站位，提升作为食品人的使命感和荣誉感。

"课程思政"教学改革优秀案例 25

食品原料学

课程名称： 食品原料学

主讲教师： 丛艳君、曹锦轩、张明、任欣、仵雁北

适用专业： 食品科学与工程、食品质量与安全、食品营养与健康

课程性质： 本科生专业必修课

一、案例主题

树立正确的科学态度，增强文化自信和国家自豪感。

二、结合章节

案例结合《食品原料学》第二章《粮谷食品原料》中"小麦与面粉"内容。

三、案例意义

本课程在专业知识讲授的同时,升华和凝练课程宗旨,以鲜活的案例为载体,帮助学生树立科学态度和家国情怀,使学生在掌握小麦与面粉的生产、消费与流通状况,小麦与面粉性状和营养成分以及小麦与面粉储藏特性等专业知识的同时,感受中华传统文化的魅力,领会科技创新改变生活、创造未来的力量,树立正确的世界观、人生观和价值观,同时增强文化自信和自豪感。

四、案例描述

(一)认识国家力量,感受国之强大

粮食安全是世界和平与发展的重要保障,是构建人类命运共同体的重要基础,关系人类永续发展和前途命运。联合国粮食及农业组织发布的《2023 年全球粮食危机报告》指出,2022 年相关数据显示,受经济冲击、冲突和不安全、气候变化和极端天气事件等因素的驱动,全球粮食危机形势和严重粮食不安全状况进一步加剧。报告谈到,2022 年,58 个国家和地区的约 2.58 亿人受到严重粮食危机影响,超过 2.5 亿人面临严重饥饿,7 个国家的人口处于饥饿边缘。2022 年的全球粮食不安全严重程度从 2021 年的 21.3% 上升至 22.7%。

党的十八大以来,以习近平同志为核心的党中央把解决好十几亿人的吃饭问题作为治国理政的头等大事,提出了确保谷物基本自给、口粮绝对安全的新粮食安全观,确立了以我为主、立足国内、确保产能、适度进口、科技支撑的国家粮食安全战略,各地各有关部门认真落实,国家粮食安全保障更加有力。

我国粮食生产实现了"二十连丰",总产量连续 9 年稳定在 1.3 万亿斤以上;

口粮自给率在 100%以上，谷物自给率在 95%以上，人均粮食占有量 483 kg，高于国际公认的 400 kg 粮食安全线，做到了谷物基本自给、口粮绝对安全。创造了用世界上不到 10%的耕地，生产了世界上 25%的粮食，养活了世界上近 20%人口的伟大奇迹。当脚下的土地不断释放生产潜力，当中国人的饭碗里装满了中国粮，谁来养活中国人的世界之问，有了明确的答案。

（二）认识科技力量，创造美好未来

党的二十大报告强调，全方位夯实粮食安全根基，坚持"藏粮于地、藏粮于技"战略。把科技兴粮作为动力。解决吃饭问题，根本出路在科技。要强化农业科技支撑，全面落实"藏粮于地、藏粮于技"战略，加强核心技术攻关，强化农业科技和装备支撑，实现种业科技自立自强、种源自主可控，通过良田、良种、良机、良法有机融合，提高粮食生产规模化、智能化、机械化、集约化水平和粮食单产水平。

科技助力中国粮食产量不断提升。如今，全国农作物耕种收综合机械化率超过了 69%，人工智能、大数据运算、农业智能化，一个个颠覆性技术正在为农业的生产方式带来改变，从看天吃饭到知天而作，农业科技水平不断提高。这田间耕种巨变的背后，是农业科技的深刻变革，是中国智慧不断创造中国粮的生产奇迹。

好种育好粮，中国粮就要用中国种。种子已成为决定国家农业竞争力强弱的"芯片"，是大国较量的战略领域。目前我国特有普通小麦品种 1.39 万余份，在早熟、多粒、高适应性、高亲和性方面也有着巨大的优势。这些举世瞩目的伟大成就的背后是许许多多的育种学家和农业学家的努力，李振声院士便是其中一位突出代表。他几十年如一日坚持科研，把解决农民问题放在第一位，在小麦远缘杂交和染色体工程研究方面做出了重大贡献，为中国农业可持续发展奠定了坚实的基础。

（三）认识文化力量，体验中华传统魅力

小麦似乎拥有强大的"魔法"，统治了全世界的餐桌，从奶油意大利面到兰州牛肉拉面，从法式面包到北方馒头，从墨西哥卷饼到山东煎饼，更不必说饼干、泡芙、包子、烧饼……世间绝大多数你能想到的面食，都有小麦的身影。

在我国历朝历代，面食几乎是常规的主食。中国的面食文化称得上是博大精深，种类颇多。面食可体现民俗，是表现民间心理意愿的一种广泛、深刻的方式。千百年来一代又一代的人，把自己的希望和冀盼通过灵巧的双手运用在面食中给予淋漓尽致的展现与表达。可以说一部传统面食发展史就是一部中华传统文化的代表作。

党的二十大报告提出，推进文化自信自强，铸就社会主义文化新辉煌。明确地提出了中国文化建设的发展目标，在文化自信的基础上，第一次提出"文化自信自强"的核心概念。

五、效果分析

"食品原料学"的课程思政实践，遵循教学规律和学生特点，积极挖掘思政元素，将我国小麦发展现状与粮食安全和科学家的努力有机融合，让学生在学习专业知识的同时增强国家认同感和对科学精神的敬畏，帮助学生树立正确的人生观和价值观。

"课程思政"教学改革优秀案例 26

食品毒理学

课程名称：食品毒理学

主讲教师：丛艳君、滕雯迪、杨雪莲、郑玲燕

适用专业：食品质量与安全

课程类别：本科生专业必修课

一、案例主题

树立学生高尚的人生观、价值观，培养学生的诚信和责任理念。

二、结合章节

案例结合《食品毒理学》第一章《绪论》中"食品毒理学的基本内容和发展概况"内容。

三、案例意义

本课程以食品毒理学的基本内容和发展概况为中心，对课程宗旨进行升华与凝练，努力培养学生树立正确的人生观、世界观、价值观；培养学生形成高尚的爱国主义道德情操；培养学生具有良好的社会责任感和职业素养；培养学生形成健康的饮食生活习惯。在食品毒理学课堂中融入思政元素，不仅可以激发学生对专业知识的学习兴趣，更能有效实现课程德育教育目标。

四、案例描述

围绕"绪论中思政元素的挖掘及设计""毒理学理论内容与课程思政的契合""实验技能的培养推动课程思政的加深"设计课程内容，重构课程思政教学目标。

（一）绪论中思政元素的挖掘及设计

绪论作为课程导入的关键，思政元素的导入尤为重要。食品安全问题的杜绝不仅需要政府及法律的管理和约束，还需要企业和公民意识的提升。"三聚氰胺奶粉事件"作为食品安全问题中影响最广的事件之一，不仅可以导出"外源化学物""剂量决定毒性"等这些重要知识点，更能够培养学生的社会使命感、行业责任感、辩证看问题、透过现象看本质等思政素养。同时，新冠疫情的暴发，更是让学生深刻感受到"爱国主义情怀""民族自豪感""珍惜生命"。

食品毒理学的研究对象是外源化学物，如黄曲霉毒素、丙烯酰胺、农药兽药的化学残留物、重金属等。这些都是食品加工过程中品质控制的关键，且在加工过程中有去除或避免产生的工序。学生应正确看待和肯定现代食品加工业，增加从事食品行业的自豪感。食品毒理学的研究方法需要明确的是"研究外源化学物的毒性时，不能直接使用人体实验"，可由此阐述第二次世界大战时期，日本侵略者对中国人民进行人体实验的罪行，从而增加"爱国主义教育""人伦道德""努力奋斗、自强不息"等思想教育。

（二）毒理学理论内容与课程思政的契合

亚硝酸钠、粗盐、砒霜是否有毒取决于其剂量，也就是毒物的相对性，可进行辩证唯物主义教育。比如，砒霜在一定剂量下可以用于治疗白血病，因此鼓励学生应勇于尝试和挑战新事物。N,N-二甲基亚硝胺因"复旦投毒案"被大家认识，其存在于腌渍、熏烤食物中。通过生物转化以及毒性分类，可以让学生作为食品专业从业者，运用自己的知识来改变社会对食品的误解，贡献自己的力量。

外源化学物的摄入会导致癌症和生殖发育疾病发生，如苯并芘在香烟和烤肉中含量较高，因此呼吁学生养成健康的生活方式，实现自我管理，自我控制，保护环境，热爱生命。同时，也要辩证地看待问题，遗传机制也是癌症和生殖发育疾病发生的重要原因，要尊重科学，优生优育，切忌讳疾忌医。

（三）实验技能的培养推动课程思政的加深

动物实验是食品毒理学的重要实践内容。中医药院校的食品专业学生已学习并实践了动物实验的基本操作规范，因此可充分利用其自身优势，培养学生自主设计实验方案，完成实验操作，达到实验教学的目的。在实验设计过程中，充分培养学生考虑动物福利问题，尊重生命，注重人文关怀，具有博爱精神。同时，以目前社会上热点问题如"造假等学术不端行为""知名杂志撤稿问题"为反面教材，要求学生遵循统计学规律，按照随机、客观的原则，合理设计实验。在实验进行过程中，要加强自身安全教育，防止学生因操作不当而导致动物抓伤、咬伤等意外事件发生；同时克服心理恐惧，在实验中享受知识的乐趣，并培养学生规范操作的意识。实验完成后，规范处理动物尸体和实验试剂，保护环境，加强习近平生态、文明思想等教育。

五、效果分析

充分考虑食品质量与安全专业的学科属性，以传授食品毒理学的基本内容和发展概况专业知识作为教育基础，渗入以思想政治教育为核心的经典案例，有目的、有计划地增加价值理念、政治观点、道德规范内容，使学生潜移默化地掌握技术技能的同时，兼具职业素养、社会道德品质，树立正确的世界观、人生观、价值观。

"课程思政"教学改革优秀案例 27

创新创业教育（食品工厂设计综合实验）

课程名称： 创新创业教育（食品工厂设计综合实验）

主讲教师： 刘泽龙、王金鹏、何亚荟、马铁铮、王振华

适用专业： 食品科学与工程

课程类别： 本科生专业必修课

一、案例主题

通过某企业的火灾案例体现工厂设计规范性缺失和实施后监管不到位、人员责任意识差的严重危害性。

二、结合章节

适用于创新创业教育（食品工厂设计综合实验）的设计前讲解。

三、案例意义

创新创业教育（食品工厂设计综合实验）重点之一在于能在模拟和现实的多学科环境下，在设计开发解决方案过程中，运用工程管理等方法。其中，设计符合安全规范是最基本要求。本案例中乳化公司和工程部在设计和维护方面存在问题。这些指出了灾害发生的深层次原因，从设计、管理和监督层面敦促学生养成良好的习惯和意识。

四、案例描述

2019 年 12 月 13 日，上海市浦东新区某乳化材料科技有限公司 E6 仓库发生一起火灾，火灾造成该厂区 E3、E4、E6、F2、F3 共 5 个仓库及其库内存放的成品食用油、甘油、硬脂酸等基本烧毁，E2、E5、F1 共 3 个仓库局部受损，事故造成直接经济损失约人民币 2884 万元，其中建筑损失约 1713 万元，储存货物损失约 1171 万元，未造成人员伤亡。

（一）直接原因

运输公司电焊工马某某在油脂公司酯交换车间三层平台进行电焊作业时，焊渣溅落在下方途经的平板货车成品油食用油堆垛中形成了点火源，导致食用油外包装纸箱发生阴燃，直至货品被装卸至 E6 建筑雨棚下堆货点后起明火，酿成火灾。

（二）间接原因

（1）运输公司：①危险性作业防范措施落实不到位。未充分认识到酯交换车间三楼动火作业焊渣溅落的可能性和潜在风险，未严格有效落实防火布遮挡的防护措施。②未严格落实相关安全生产规章制度和安全操作规程。未督促作业人员严格按照规章制度、操作规程进行作业，动火作业人员在监火人离开作业现场、无人监管的情况下违规动火作业。

（2）油脂公司：①危险性作业风险辨识、防范措施落实不到位。公司相关人员在电焊动火作业风险辨识过程中，未充分认识焊渣溅落的可能性和潜在风险，未严格检查落实防火布遮挡的防护措施，未对动火作业地面影响范围设置警示标识、警戒区域；未采取统筹协调厂内货物运输路线变更或禁行措施。②安全风险管理缺失、危险性作业安全管理流于形式。未严格落实和监督检查酯交换车间三楼动火作业防护措施；未督促动火人员和监火人员严格执行安全生产规章制度和安全操作规程。

（3）乳化公司：①擅自改变建筑物设计用途。E6 建筑原设计用途为丙类工业厂房，改为丙一类仓储对外出租储存成品食用油，不具备防止液体流散的丙一类仓储硬件设施，不符合《建筑设计防火规范》（GB 50016—2014）的要求，导致了火势的扩大蔓延。②消防安全管理履职不力。签订租赁合同，未明确租赁双方消防安全管理责任。

（4）工程部：①未严格落实建设项目行业管理要求。未严格按照企业群管理制度落实企业内部验收，未做到企业群相关部门全面参与，未落实租赁双方工程资料移交工作；未按建设行业管理要求组织竣工验收，违反《建设工程质量管理条例》相关规定，未经竣工验收、擅自交付使用的问题。②未严格落实对外发包维修工程安全管理规定，与下属企业对外发包维修工程安全管理职责边界不清，对下属企业发包维修工程安全管理失察失管。

（5）安监部：①未认真履行安全生产监督管理机构职责，对企业群所属企业安全生产工作监督管理不力，对同一厂区企业安全生产工作和部门与企业安全工作职责缺乏统一协调管理。②未认真检查所属企业和相关部门安全生产状况，及时排查事故隐患，提出改进安全管理的建议。③未检查发现 E6 仓库违规投入使用和安全管理职责不清等问题。

（三）事故性质

事故调查组认定，"12·13"事故是一起较大等级生产经营性的火灾责任事故。

五、效果分析

通过了解某集团上海食品企业群一公司发生的火灾事故，并从设计、工程施工、后期监管等方面剖析了原因，可有助于培养学生作为设计人员开展工厂设计工作时的责任感，作为工程管理人员在履职时坚守原则底线，培养红线意识。有助于学生在分组域角色分工设计时形成代入感，帮助学生更好地熟悉设计流程和相关规范文件。

"课程思政"教学改革优秀案例 28

创新创业教育（产品研发综合实验）

> **课程名称：**创新创业教育（产品研发综合实验）
>
> **主讲教师：**芦晶、陈存社、侯殿志
>
> **适用专业：**食品科学与工程
>
> **课程类别：**本科生专业必修课

一、案例主题

创新发展食品行业。

二、结合章节

创新创业教育（产品研发综合实验）。

三、案例意义

创新创业教育（产品研发综合实验）旨在为学生提供深入了解食品工业的机会，培养实际操作能力，传递创新发展食品行业的理念和方法。通过四个不同的实验项目，学生将探索食品工业的创新潜力、理解可持续性和社会责任，以及如何在实际操作中运用这些理念。

四、案例描述

创新创业教育（产品研发综合实验）是食品科学与工程专业的核心实践课程，为学生提供了独特的学习机会。这门课程旨在通过四个不同的实验项目：香肠制作、果汁制作、面包制作和奶粉喷雾干燥，培养学生的实际操作能力，并传递创新发展食品行业的理念和方法。下面，我们将详细描述这个案例。

实验前课堂讨论：在每个实验开始前，我们举行一次课堂讨论，共进行了四次。这些讨论旨在激发学生的创新意识，引导他们思考创新和可持续发展理念在食品工程领域的应用。每次讨论都涉及即将进行的实验项目，学生将研究实验材料，了解该实验对食品行业的重要性以及潜在的创新机会。

香肠制作实验：在这个实验中，学生首先进行了实验前的讨论，深入了解肉类加工和香肠制作的现状。然后，他们尝试了创新的香肠配方和制作方法，讨论如何减少食品浪费。这个实验鼓励学生在传统食品加工领域寻找新的解决方案。

果汁制作实验：在果汁制作实验前，学生了解了果汁行业的趋势，包括对天然、健康饮品的需求。实验中，他们尝试了不同的果汁制作技术，探讨如何提高果汁的品质和可持续性。这有助于培养学生对可持续发展的认识。

面包制作实验：实验前，学生研究了面包市场的需求，包括对健康和有机面包的需求。在实验中，他们探索了创新的面包配方和制作方法。这有助于培养学生对社会责任的意识。

奶粉喷雾干燥实验：在实验前，学生了解了乳制品工业的挑战，包括乳制品的保存和运输。实验中，他们研究了新的喷雾干燥技术，探讨如何提高乳制品的质量和可持续性。这个实验培养了学生在食品工程领域寻找创新解决方案的能力。

五、效果分析

通过创新创业教育（产品研发综合实验），学生不仅获得了实际操作技能，还培养了创新思维和社会责任感。他们深入了解了食品工业的多个方面，包括肉类加工、果汁制作、面包制作和乳制品工业。这使他们成为未来食品工程领域的创新者和倡导者，能够推动行业的创新和可持续发展。

这个案例通过将课堂讨论与实际操作相结合，帮助学生建立了理论知识与实际应用的联系，提高了他们的实际操作技能。同时，学生也增强了对创新和可持续发展的认识，培养了他们的社会责任感，使他们更有可能在未来的职业生涯中为食品工业的改进和发展做出积极贡献。

总之，创新创业教育（产品研发综合实验）案例为学生提供了一个全面的学习体验，将实际操作、创新思维和社会责任相结合，培养了未来食品工程领域的领袖和创新者。这有助于推动食品行业朝着更加可持续和创新的方向发展。

"课程思政"教学改革优秀案例29

创新创业教育（发酵工程综合实验）

课程名称：创新创业教育（发酵工程综合实验）

主讲教师：孟琦、范光森

适用专业：食品科学与工程

课程类别：本科生专业必修课

一、案例主题

培养学生的团队合作意识与能力，通过多角度全面学习从而增强民族自豪感和振兴产业的使命感与责任感。

二、结合章节

本课程为实践操作学习课程，整体教学规划为一个整体，不分章节。案例与实践操作的每个步骤及其背景知识都充分结合，从啤酒工艺、原料、发酵、器械、文化历史、饮用消费等多角度引导学生自主学习。

三、案例意义

本课程主要让学生了解啤酒工业生产的过程及其在我国人民日常饮食生活中的应用现状、我国啤酒文化的历史传承与发展。让学生理解掌握啤酒发酵工艺的流程、大型发酵生产设施的使用方法与管理原则。引导学生思考我国啤酒生产原料供给的"卡脖子"现状与解决办法,培养学生振兴食品产业、突破难题的责任感与使命感;引导学生树立正确的饮酒习惯与饮酒方法,探讨如何科学地看待酿酒工业。引导学生了解我国的千年酿酒历史文化,培养学生的国际视野和持续学习能力。

四、案例描述

发酵工程综合实验课程依托北京高等学校示范性校内创新实践基地进行啤酒小试生产,旨在通过啤酒生产过程让学生将课堂的理论知识与实际生产相结合,增强学生将理论知识应用于实际生产生活的能力,培养学生的动手能力。

啤酒是世界性大宗消费型酒精饮料。我国已经连续 18 年成为世界啤酒最大的生产与消费市场,年人均饮用量超过 24 升。啤酒生产工艺是食品科学与工程专业本科生在专业课程知识里的必修内容之一,涉及食品原料学、微生物发酵、食品工程原理、食品风味化学等诸多专业课程知识。通过啤酒生产酿造实验可以充分调动学生在前期学习的专业理论知识,使学生对食品生产工艺、生产过程管理、食品品质及生产控制要点等内容进行综合思考,可以显著增强学生的知识运用能力。

啤酒小试生产线需要团队多人协作才能顺利完成,在实践过程中需要学生在与同伴进行充分沟通的基础上完成团队合作。这将是学生培养信息沟通、团队合作的良好机会。啤酒是微生物发酵产品，通过不同团队生产的啤酒品质对比，可以加深学生对微生物发酵产品的品质认知与理解水平，加强微生物发酵卫生管理意识，强化安全生产责任意识。

另外，需要让学生知道包括大麦芽、酒花等生产原料，我国尚未能实现自主生产，基本都是靠国外进口。目前国内对麦芽和酒花的生产只有一小部分自主性生产，要让学生充分认识原料、生产技术的"卡脖子"现状。充分介绍啤酒发酵微生物的种类与应用场景，特别是安琪酵母公司在技术上的突破与努力，激发学生为解决实际问题奋发努力的斗志与愿望。

在啤酒文化方面，现代啤酒从生产工艺上看是起源于西方世界的产物，在学习生产工艺的基础上，向学生积极宣传我国的酿酒历史与文化，使学生知道我国古代也有啤酒，啤酒并不完全是舶来品，明朝宋应星所著《天工开物》中记载："古来曲造酒，蘖造醴，后世厌醴味薄，遂至失传，则并蘖法亦亡"。其中"蘖"指发芽谷物，"醴"指低酒精度的发酵饮料，这说明我国古代就有啤酒的存在。国内啤酒企业在国家考古发现的基础上，充分利用现有的科技能力与资源，通过技术攻关重新开发"醴"酒，让我国古代的代表性啤酒重现光彩。因此，啤酒不完全是西方人的发明创造，我国自古也有啤酒的酿造历史与文化。通过对啤酒的生产实践、啤酒文化与历史的学习，让学生学会中外对比、古今对比的思维模式，充分了解我国悠久的酿酒文化，有助于增强学生的文化自信与自豪感，激发学生继承并发扬中华传统饮食文化的决心和动力，从而提高啤酒生产实践的学习效果。

从专业学习的角度看，食品科学与工程专业的学生不仅应该注重动手解决实际问题的能力，更要拥有一颗对食物的敬畏之心。通过啤酒生产酿造试验 2～3 周的学习，使学生充分体会到食品生产的不易与辛苦，促使学生自觉自愿地珍惜食物，形成杜绝浪费的良好习惯。这也是我国目前努力实现农业粮食生产系统转型所需要的社会共识和消费者基础。通过啤酒生产试验，促使学生反思其他食品的生产过程、原料成本、农业资源成本、环境负担成本等。使学生明白食品专业的学生不仅要有过硬的专业知识与技术，还需要肩负起宣传科学饮食消费习惯、饮食知识、普及食物生产与健康的责任，充分发挥食品专业学生的力量。

从健康饮食的角度出发，要向学生积极宣传健康饮酒知识。啤酒虽然是低酒精度的大众饮品，但毕竟是酒类，不可以过量饮酒。在饮酒时要坚持适度适量原则，根据自己的身体状态量力而为，同时要做到不劝酒、不陪酒，做自己健康的第一责任人。需要让学生知道饮用一瓶 500 mL 的啤酒后，身体摄入的酒精完全代谢掉需要额外消耗 125 mL 水，使学生学会科学饮酒，防止宿醉。

综上所述，通过啤酒生产实践，让学生在啤酒发酵生产、工艺流程方面得到动手能力的强化，更要让学生知道我国啤酒产业的现状，了解我国酿酒历史与文化。与此同时，还要让学生在日常生活中充分理解食物的生产与意义，树立正确的食物观与饮酒观念，从而真正做到学以致用，立德树人。

五、效果分析

通过"发酵工程综合实验"的课程思政实践，我们发现，学生不仅掌握了本门课程中的基础知识，还树立了严谨的科学态度，学会了辩证地看待事物，增强了对饮酒习惯的思考和对我国酿酒文化的学习意识，学会了对现代食品工业、社会饮食文化、食品专业应用的辩证思考。课程思政的引入帮助学生深入了解我国食品工业的众多"卡脖子"现状，激发了大家为改变现状、建设更加美好生活未来的决心与责任感，坚定理想信念，增强了社会责任感；课程思政的引入提升了实践类操作课程的教学质量和效果，促进了学生的全面发展。

"课程思政"教学改革优秀案例 30

创新创业教育（食品安全与质量设计）

课程名称：创新创业教育（食品安全与质量设计）

主讲教师：梁杉、程雷、李健、李赫、王丽金

适用专业：食品质量与安全

课程类别：本科生专业课

一、案例主题

课程组织学生组队参与校外创新大赛或选择课程要求的主题进行创新产品设计，本案例的目的是学习营销在产品设计或创新创业过程中的重要作用，强化学生的营销理念。

二、结合章节

这个案例紧密结合了课程中关于"创业中的营销手段"以及"创业的营销管理"等内容。

三、案例意义

本课程通过组织学生组队参与校外创新大赛或选择课程要求的主题进行创新产品设计，具有较强的综合性、实用性和思辨性，为培养创新型人才奠定了理论基础。因此，本课程所蕴含的思政元素主要是培养学生以经世济民精神和学以致用的态度，在本案例中也得到了充分体现，使学生在提升自身财商素养的同时，集成食品工程单元操作，进行食品系统或食品工艺流程设计，在设计中体现创新意识，践行"有创新的创业"，实现个人价值、企业价值以及社会价值的多元共创。本案例努力挖掘教学内容中的思政教育资源，深化社会主义核心价值观教育，突出"传统文化启发"在创新创业中的重要作用，将思想政治教育与创新创业教育深度融合，促进大学生综合素质全面增强。

四、案例描述

结合"创新创业教育（食品安全与质量设计）"课程需要，本课程选取了瑞幸咖啡（Luckin Coffee）的营销管理作为教学案例。瑞幸咖啡成立于 2017 年，并于 2019 年上市，是中国门店数量最多的连锁咖啡品牌，目前门店数量已超过 10000 家。瑞幸咖啡以"创造幸运时刻，激发美好生活热望"为使命，充分利用移动互联网和大数据技术的新零售模式，与多领域优质供应商深度合作，打造高品质的消费体验。

本案例回顾了瑞幸咖啡的营销发展模式，讨论了瑞幸咖啡如何通过社交裂变加低价策略，打开中国中低端消费市场。本案例希望通过瑞幸咖啡这一新零售咖啡连锁品牌的影响手段和企业的成长轨迹，引导学生思考创业初期的营销手段，加深对营销这一概念的理解。同时，鼓励学生结合案例对应知识点及其背后思政元素的深入挖掘，引导学生完成创新实践项目，实现创新人才培养。本案例重点介绍了瑞幸咖啡一次成功的话题营销实践——与茅台联名推出"茅台瑞幸酱香拿铁"，该产品在上市之初就引发了消费者的高度关注和热烈讨论，成为现象级产品。据瑞幸咖啡官方微博，"酱香拿铁"刷新单品纪录，单品首日销量突破 542 万杯，单品首日销售额突破 1 亿元。该案例详细为学生分析了这场联名营销精心设计的亮点，同时使学生体会到了我国传统食品文化的魅力。茅台酒是中国传统白酒文化中最重要的代表，有着悠久的历史，见证了中国酒文化的发展和演变，具有浓郁的地方特色和文化底蕴。"酱香拿铁"充分利用了瑞幸咖啡在咖啡制作领域的专业性和茅台酒在中国酒文化中的独特地位。茅台的"国酒"品牌形象和精湛的酿酒工艺为"酱香拿铁"甚至为瑞幸这个品牌增加了信任度和美誉度。滴入咖啡的茅台，也成为年轻人第一次接触茅台的消费者教育，增加了年轻消费者对茅台甚至传统酒文化的认同感，有效推动了茅台品牌年轻化、时尚化。这一个堪称经典的营销案例，使学生对营销有了更加立体和深入的理解，懂得创业过程中营销的必要性、重要性以及营销手段需要的创新性。

本案例的具体设计遵循了"案例行动学习"的一般范式，结合案例及对应知识点以及知识点背后思政元素的深入挖掘，对案例正文进行适当地再组织，针对不同的教学知识点进行相应的案例思考题设置引发学生自主思考与讨论，教师通过适当的追问引导学生深入思考，并结合知识点进行课堂实践。充分利用各类教育教学及创新平台，将专业导师与非专业导师相结合，综合运用角色扮演、情境设置、案例研讨等具体教学方法，实现课程思政建设的推进。本案例通过介绍瑞幸咖啡在中国市场的成功，将思政教育渐进式地浸入到了案例分析中。瑞幸咖啡的"涅槃重生"给了学生很大的震撼，从全球最快 IPO 纪录到退市，再到在中国市场的再次崛起，2023 年 8 月无论是在门店数量、整体营收还是利润率方面，瑞幸都已经超越了"盘踞"中国 24 年的星巴克中国。瑞幸咖啡的一路披荆斩棘，让学生体会到创业中需要的顽强不屈的精神，让学生明白有执着的精神和坚定的信念，才可以战胜一切挫折和困难。瑞幸咖啡成为优秀的民族品牌，代表了我们民族的智慧和创新。能够提高学生对国货的认同感和优越性。在"酱香拿铁"的病毒式营销案例中，教师对该营销手段的创新性进行了详细分析，突出了"传统文化启发"在该营销活动策划中的重要作用，使学生了解文化"软实力"是品牌高质量发展之重，使学生学习了传统酒文化的博大精深和影响力，激发学生对我国传统食品和传统文化的兴趣。本案例的分析中也穿插介绍了瑞幸咖啡的发展离不开我们国家的支持，近些年，我们国家出台了一系列政策为民族品牌的发展保驾护航。例如，《关于实施中华优秀传统文化传承发展工程的意见》指出，"具有中国特色、中国风格、中国气派的文化产品更加丰富，……，中华文化的国际影响力明显提升。"《质量强国建设纲要》中规划"到 2025 年形成一大批质量过硬、优势明显的中国品牌"，通过政策分析使学生明白国家或社会支持是创新创业成功的关键，提高了学生对国家和政策的认同。

五、效果分析

通过这个案例，学生理解了创业过程中营销的概念和重要性，提升了学生创新思维意识和创造性解决问题的能力，为培养创新型人才奠定了良好的基础认知。本案例努力挖掘教学内容中的思政教育资源，让学生明白在创新创业中，需要有执着的精神和坚定的信念，更离不开国家的支持，引发学生爱国主义情怀，进而深化了社会主义核心价值观教育。

"课程思政"教学改革优秀案例 31

创新创业教育（理化质量安全控制）

课程名称： 创新创业教育（理化质量安全控制）

主讲教师： 陈伟、李妍、侯殿志、奚宇

适用专业： 食品质量与安全

课程类别： 本科生专业课

一、案例主题

培养食品质量与安全专业学生的食品调味剂质量安全控制理念、法律意识以及创新创业精神。

二、结合章节

案例结合专题二"针对食品调味剂中存在防腐剂、甜味剂超标情况以及加工危害物残留等问题，设计实验方案对其进行质量综合分析"内容。

三、案例意义

这门课程作为本科食品质量与安全专业的集中实践环节，是一门必修课程，旨在整合学生所学的专业知识和实验技能，提高他们解决实际食品工程问题的能力。同时，它也培养了学生的动手能力、团队协作能力和交流能力，成为集中实践环节的关键组成部分。

创新创业教育是以培养具备创业基本素质和开创型个性的人才为目标的教育模式。相对于传统的教学方法，创新创业教育注重实践，有针对性，不仅培养和锻炼学生的实际操作和应用能力，还强化了专业学生的创新和创业意识。在本课程中，我们致力于解决食品调味剂领域存在的问题，包括防腐剂和甜味剂超标使用，以及加工过程中可能的危险物质残留。我们通过设计实验方案对这些问题进行了综合质量分析，明确了食品调味剂生产和加工中的理化质量安全控制的关键问题，并提出了改进方案。

我们选择了常见的食品调味剂，如酱油和食醋，作为代表性的实验材料，设计了合理的实验方案。我们使用高效液相色谱仪（HPLC）等仪器，对常见的防腐剂（如苯甲酸钠）和甜味剂（如糖精钠）的含量进行检测，并进行质谱分析以确保准确性。同时，我们还使用气相色谱质谱仪（GC-MS）等仪器检测可能残留的加工危害物（如氯丙醇），以确保食品的安全性。分析所有样品的检测结果后，进行小组协作讨论，探讨是否符合法定标准，是否存在潜在的危险或超标情况，并提出改进方案，如改进生产工艺或选择更安全的原料，以强调食品安全和质量控制的重要性。

此外，我们还进行了法律普及教育，以帮助学生了解违反相关法律法规可能面临的后果。例如，如果因食用超标的防腐剂导致食品引发健康问题，根据《中华人民共和国民法典》，相关企业需要赔偿受害人的医疗费用、护理费用、交通费用等，并承担其他合理费用，包括因误工减少的收入。对于造成残疾或死亡的情况，还需要支付相应的赔偿金。

通过这个实验方案，学生将不仅能够掌握样品准备技术、仪器分析技术以及数据分析和解释的能力，还将深入理解食品调味剂质量安全控制的关键问题，并提出改进方案，以确保食品的安全和质量。同时，他们还将具备相关法律意识，以便在未来的职业生涯中遵守各项职业规范。

四、案例描述

在食品加工过程中，甜味剂和防腐剂是常见的食品添加剂，它们包括天然成分和合成化学物质，用于延缓或抑制由微生物引起的食品腐败和变质。导致添加剂超标的原因往往是个别企业为了延长食品的保质期，而超过了规定的使用量。此外，也可能是因为在添加过程中没有准确地计量，或者是因为生产商使用了劣质原材料以降低成本，然后为了提高产品的口感或改进外观而过量使用食品添加剂。

长期食用添加剂超标的食品可能对人体健康产生不利影响，过量摄入可能导致胃肠道不适，如恶心和呕吐等症状。而长期摄入非法添加剂可能导致中毒等更严重的后果。

食品添加剂的使用受到严格的审批制度的约束，不能随意添加。《食品安全国家标准 食品添加剂使用标准》（GB 2760—2024）规定了食品添加剂的使用原则、使用品种、使用范围以及最大使用量或残留量。只有在允许使用的品种目录中列出的物质才可以作为食品添加剂使用。任何超出食品添加剂使用标准规定的使用范围或使用量的行为都被视为滥用食品添加剂。

近年来，中国政府加大了对违法食品添加剂行为的专项整治和监督抽查力度，因此食品添加剂超标问题有所改善。然而，根据最近公布的食品安全监督抽检结果，由于超范围使用食品添加剂，食品不合格的样品在总体不合格样品中仍然占有相当比例。这部分不合格样品可能是因为食品生产经营者违反了食品添加剂使用标准，超出了使用范围或超出了最大使用限量。此外，也存在一些与甜味剂相关的不合格产品。

通过上述的实验方案，学生能够掌握样品准备技术、仪器分析技术以及数据分析和解释的能力。此外，他们还能够深刻理解食品调味剂质量安全控制的关键问题，包括防腐剂、甜味剂和加工危害物的问题，并提出改进方案，如改进生产工艺或选择更安全的原料。这种实践不仅强化了学生的专业素养，还培养了他们的创新和创业意识，为未来从事食品质量与安全领域的工作提供了坚实的基础。

五、效果分析

通过本课程的专题二"针对食品调味剂中存在防腐剂、甜味剂超标情况以及加工危害物残留等问题，设计实验方案对其进行质量综合分析"，我们得出以下结论：将当代思想政治教育融入专业课程中，对帮助学生树立正确的人生观和价值观具有积极作用。这有助于培养学生在进入社会和职业领域时更好地应对各种伦理和法律挑战；创新创业教育为学生提供了实践机会，强调解决问题和创新的能力。通过分析食品调味剂问题，学生不仅提高了实际操作和实验技能，还培养了创新思维和创业意识，为未来的职业发展打下了坚实的基础；学生在实验中不仅掌握了样品准备技术和仪器分析技术，还加深了对食品调味剂质量安全控制问题的理解。他们能够识别关键问题，并提出改进方案，以确保食品的安全和质量；

通过法律普及教育，学生了解了违反相关法律法规可能面临的后果。这有助于他们在未来的职业生涯中遵守法律法规，确保食品安全和质量。

综上所述，这门课程以其独特的案例教学方法，成功地将食品质量与安全控制同创新创业教育融合在一起，为学生提供了全面的培养和锻炼机会，使他们能够更好地应对未来职业生涯中的挑战。

"课程思政"教学改革优秀案例32

创新创业教育（生物安全控制）

课程名称： 创新创业教育（生物安全控制）

主讲教师： 杨雪莲、韩冬

适用专业： 食品质量与安全

课程类别： 本科生专业课

一、案例主题

培养学生科学素养、生物安全意识和食品中基因工程应用的理解。

二、结合章节

这个案例紧密结合了课程中关于"基因工程与食品科学"以及"食品中的转基因"等基础知识。

三、案例意义

通过综合学习和课堂讨论，旨在培养学生在生物安全控制领域的创新创业能力。这一目标的实现，将通过引导学生深入了解转基因技术在食品领域的应用，使之不仅在知识层面掌握相关概念，更能够将所学知识融会贯通并应用于创新创业实践之中。

四、案例描述

在一个食品安全日益受到消费者关注、科技飞速发展的时代，生物安全控制被视为解决食品安全难题的关键要素。转基因食品是通过基因工程技术赋予目标生物体特定的性状或特征的食品。这种技术被用来改善农作物的耐病性、产量和营养价值等特性。然而，转基因食品也引发了一些争议，涉及食品安全、环境影响和伦理等问题。一些人担心可能的不良影响，而另一些人认为这是解决全球食品供应和营养需求的一种方法。

食品安全问题的解决中，生物安全控制不断彰显其关键性作用。我们正站在一个充满挑战与机遇的十字路口，这是培养学生在生物安全控制领域发展创新创业能力的黄金时期。为了培养学生在这个关键领域的创新创业能力，将转基因食品作为一个教学案例引入，能为学生创造一个全方位的学习体验。通过综合学习，学生将深入了解转基因技术的基本原理，透彻分析其在食品安全控制方面的潜在优势和挑战。同时，课堂中的讨论环节，将为学生提供一个开放的平台，使他们能够深入思考转基因食品涉及的伦理、法律法规等重要议题。

本课程不仅激发学生的思维，引导他们不仅理解知识，更能启发学生运用知识解决实际问题。在这个背景下，将转基因食品作为教学案例，可以为学生提供一个立足点和切入口。而在课堂讨论中，学生可以自由交流意见，拓宽视野，进一步了解食品安全、食品伦理等方面的复杂性问题。然而，仅仅停留在理论层面是不够的。在深入了解了转基因技术的基础知识后，学生将被引导思考如何在实际问题中创新应用这一技术。这要求学生不仅要考虑食品的安全与健康，还要兼顾社会、环境等多个因素。这种综合思考将培养学生的系统思维、全局观念、大局意识，使他们能够在复杂的现实情境中做出明智的决策。

实践是培养创新创业能力不可或缺的一部分。因此，学生将被鼓励组成小组，展开相关实验和项目。这不仅让他们将理论知识付诸实际，更能培养解决实际问题的能力。在实践中，学生需要结合所学知识，研究实际问题，制定切实可行的解决方案。与此同时，项目推进的过程将进一步培养学生的团队协作、沟通和项目管理能力，为未来的创新创业之路做好充足准备。

总之，将转基因食品作为案例，结合综合学习、课堂讨论和实践项目，真正的创新要求学生能够将理论付诸实践。在理解了转基因技术的基础知识后，学生将被引导思考如何将这一技术创新应用于实际问题。这种跨学科的综合思考将培养学生的系统思维。通过实践，他们不仅可以将理论知识应用于实际，更能够在实践中体验失败和成功，锤炼解决问题的能力。同时，项目推进的过程中，学生将进一步培养团队协作、沟通与管理的能力，为未来的创新、创业之路打下坚实的基础。将转基因食品作为案例引入"创新创业教育（生物安全控制）"课程，是为了引导学生在生物安全领域培养创新创业能力。通过将理论知识与实际应用有机结合，培养学生的创新思维、团队协作和全局意识。在这个充满机遇的时代，本课程致力于培养具备生物安全创新视野的人才，为我国食品安全和健康的可持续发展注入持久的动力。

五、效果分析

通过这个案例，学生将学会将理论知识与实践应用相结合，创新转基因食品。培养了解食品安全与伦理的能力，同时锻炼创新创业思维、科学素养和团队合作能力。此外，这个案例还为学生未来从事食品创新创业领域奠定了基础，有助于推动生物安全和食品科技的发展。

"课程思政"教学改革优秀案例 33

食品科学原理（双语）

课程名称：食品科学原理（双语）

主讲教师：王静、刘英丽、刘慧琳、龚凌霄、仵雁北

适用专业：食品科学与工程、食品质量与安全

课程类别：本科生专业课

一、案例主题

通过认识祖先积累下来的传统文化，让学生感受到中国古人对于人生、社会、自然的深刻理解和智慧，更好地认识自己，了解历史，感受艺术，明确道德；培养学生关爱自己，关爱他人，加强对健康的关注，增强文化自信和创新意识。

二、结合章节

案例结合《食品科学原理（双语）》第三章《食品与营养》中"膳食指南"内容。

三、案例意义

运用马克思主义辩证思想分析国内外食品科学技术的发展历程及现状,弘扬我国优秀的传统饮食文化,阐明中国食品产业在世界格局中的重要地位和影响,建立学生充分的文化自信;以习近平新时代中国特色社会主义思想为指导,分析新时期我国食品产业在食品加工、食品安全及食品营养方面的发展形势,阐明新时代、新形势下食品人的职业道德、使命和担当,引导学生树立正确的世界观、价值观和人生观,着力培养学生的家国情怀;以专业英语的学习为切入点,拓宽学生的国际视野,为增强我国食品产业的国际影响力奠定基础。

四、案例描述

通过前段时间的学习,学生已经了解了食品的营养素——碳水化合物、蛋白质、脂质、维生素及矿物质在营养学上的特点。可以说,营养对人体生长发育、人民强健体魄的重要性,已经是民众的通识。但是这些知识是如何获取的呢?如何一步一步地加深认识,形成目前的较为科学系统的营养体系呢?如何指导普通民众进行健康的饮食从而保持健康呢?这就要从膳食标准的起源、发展来谈。

认识膳食标准的演变,就要从古人用肝脏治疗夜盲症谈起。古人在生活实践中积累了大量的经验,知道健康与体能依赖于膳食,有些特殊的食物能治疗疾病,唐代的著名中医孙思邈发现山区的老百姓容易得一种怪病,用动物的肝脏来治病有效。这是祖先的智慧,举例介绍中国古代历史上的药王孙思邈生平及功绩。孙思邈在太白山研究道家经典,同时也博览众家医书,研究古人医疗方剂并选择了"济世活人"作为他的终生事业,为了解中草药的特性,他走遍了深山老林,不断积累走访，及时记录下来，终于完成了他的不朽著作——《备急千金要方》。公元 659 年，世界上第一部国家药典《唐本草》颁行。孙思邈把"大医精诚"的医德规范放在了极其重要的位置上来专门立题，重点讨论。而他本人，也是以德养性、以德养身、德艺双馨的代表人物之一，成为历代医家和百姓尊崇备至的伟大医学家。

食物能治疗和预防疾病，这一知识的大规模应用是在 18 世纪上半叶治疗海员所患的坏血病。15 世纪以前，大陆之间是不相融通的，海上的贸易艰辛且危险。宋代文学家苏过，就曾写道："道人航海曾何劳，久将身世轻鸿毛。"随着哥伦布、达伽马、迪亚士与麦哲伦等一批航海家进行海上活动，新的航路不断被开辟。历史也自然而然地进入了大航海时代，东西方开始在文化与经济上，展开了更加复杂频繁的交流。但对于西方远道而来的商贾水手来说，他们在航行时，最怕的不是狂风暴浪，也不是思恋故土的煎熬，而是一种疾病——坏血病。无论是哥伦布，还是达伽马的船队，都无法幸免，一时间，坏血病成了西方航海人的噩梦。可是 1405～1433 年，明朝郑和七下西洋，作为中国古代规模最大、时间最久的海上航行，却从来没有听过海员被坏血病所困扰，这让人们不得不思考，坏血病的产生原因究竟是什么？在中国的船舶上，常备有茶叶，这种在中国历史上存在千年的国民饮料，不仅对身体有益，而且方便携带，成为海员们出海必不可少的物资。此外，还有豆芽这种简单操作就可以得到的蔬菜，成功地解决了中国海员的营养不均衡的问题。在郑和下西洋的过程，就带了许多大豆，一来是为了贸易，二来是作为补给。后来研究也表明，坏血病的产生主要是缺乏维生素 C，而蔬菜水果中维生素 C 的含量比肉类蛋白质高许多。古人的智慧真的是令人叹为观止。

随后，1753 年 Lind 发表预防坏血病的论文可认为是"膳食标准"史料的里程碑。1772～1775 年间航海也证实了关于坏血病的性质及其预防的理论，于是海军口粮中配备了柠檬汁。但是直到 1865 年，英国商业部才出台规定：商船海员每天必须食用柠檬汁，这可视为执行"膳食标准"的首次行动。在《食品科学原理

（双语）》的授课过程中，坚持"育德重于育才"，通过穿插讲解历史典故，可以让学生正确解读传统文化，树立为国家发展做出贡献的远大理想；深入系统地学习食品营养学知识，将其与实际生活相结合，将营养知识应用到一日三餐的合理膳食和营养搭配中，充分激发学生的学习兴趣，提高学生的综合素质；时代在变化，中华传统文化的精髓应被时代所传承。

五、效果分析

中国传统文化，就是在五千年的历史长河中，一代又一代中国人的智慧和精神的累积。中华传统文化是我们民族的精神瑰宝，蕴含着丰富的哲学、艺术、历史和道德。通过祖先积累下来的传统文化，我们可以感受到中国古人对于人生、社会、自然的深刻理解和智慧，更好地认识自己，了解历史，感受艺术，明确道德。这些智慧，如同明灯，照亮了我们的人生道路，指引我们在复杂多变的现代社会中寻找平衡与和谐。尽管当今技术和经济高速发展，但我们仍然需要保持谦虚谨慎的态度，面对老祖宗留下的这个博大精深的世界，去努力发掘那些深藏其中的宝贝。

通过"食品科学原理（双语）"的课程思政实践，将当代思想政治教育融入专业课程中，弘扬我国优秀的传统饮食文化，阐明中国食品产业在世界格局中的重要地位和影响，建立学生充分的文化自信；有助于拓展视野，具有英语听说读写的基本能力，了解食品科学技术领域的国内外发展趋势，能在跨文化背景下进行沟通和交流。

"课程思政"教学改革优秀案例 34

食品生物技术概论（双语）

课程名称： 食品生物技术概论（双语）

主讲教师： 李微微、郝帅、陈洲

适用专业： 食品科学与工程（中外）

课程类别： 本科生专业课

一、案例主题

培养学生强国有我的责任感及树立正确的价值观。

二、结合章节

案例结合《食品生物技术概论（双语）》第五章《发酵工程与食品工业（Fermentation engineering and food industry）》中"发酵过程控制（Fermentation process control）"内容。

三、案例意义

　　本课程以生物技术对人类社会、生活产生的深刻影响为中心，讲授生物技术在食品领域的应用和成果。学生除了要掌握生物技术的基本原理、技术和方法外，还要关注生物科技发展的最新方向和技术，逐步建立创造性思维，结合生物技术在食品领域应用的具体案例，对课程宗旨进行升华与凝练，使学生进一步了解生物技术在满足人民对美好生活日益增长的需求及中华民族的伟大复兴中发挥的作用，树立正确的价值观，有助于培养学生的专业素养和大局观念。

四、案例描述

　　发酵工程是微生物在发酵罐中利用原料生产特定产物的技术。通过发酵工程，可以生产 α-酮戊二酸、丙酮酸、L-精氨酸、丙酸、维生素 B_{12}、维生素 C，以及酱油、醋、酒等产品。维生素 C 作为一类小分子有机物，虽不提供生命活动所需的能量，却是身体代谢过程中必需的物质。维生素 C 可用于治疗"坏血病"及牙龈出血、烧伤，能加速术后的恢复，增强治疗尿路感染药物的疗效。

　　人们最早认识维生素 C 是从防治"坏血病"开始的，进行长期航行的水手们由于长期吃不到新鲜蔬菜和水果，导致体内缺乏维生素 C。当人体缺乏维生素 C 时，胶原蛋白合成产生障碍，毛细血管壁变脆，易破裂出血，最终表现为"坏血病"的症状。1933 年，德国人发明"莱氏化学法"生产维生素 C，但这种技术工艺复杂，生产设备要求很高。1934 年，瑞士 Roche 公司通过购得这个方法的专利权，独占了全球维生素 C 的市场。1969 年，由于人们对维生素 C 的重大需求，我国组织研究人员在艰苦条件下，刻苦攻关，终于在 1980 年由中国科学院微生物研究所和北京制药厂联合发明了"维生素 C 二步发酵法"，减少了维生素 C 生产的复杂工艺及对生产环境的苛刻要求，大幅降低了维生素 C 的生产成本，提升了维生素 C 的产量。

在我国科研人员开发出了高效的维生素 C 发酵法生产技术后，1986 年，Roche 公司为了防止其他外国公司使用技术与其竞争，以 550 万美元购买了"维生素 C 二步发酵法"的国际使用权，这一技术的出口交易额也创造了当年中国最大的单项技术出口交易额纪录。然而 Roche 公司得到了专利后并不使用，仍然沿用旧有的"莱氏化学法"生产维生素 C。但是，我国在这项专利转让时保留了国内使用权。随后在我国研究单位及工厂的不断改进和发展下，特别是江南大学陈坚院士团队通过基因工程、蛋白质工程等最新的前沿生物技术开发了一菌一步法生产维生素 C 的技术，极大地支撑了我国维生素 C 的产业，我国维生素 C 的产量也不断上升。时至今日，我国已成为世界最大的维生素 C 生产国，年产量 20 万吨以上，占世界 90%以上份额。

从化学合成到三菌两步发酵再到一菌一步发酵，从一个生产维生素 C 占世界份额很少的国家到世界最大的维生素 C 出口国，维生素 C 的生产见证了近年来我国生物技术的崛起过程。一个拥有较高专业素养的食品专业学生应以国家需求为己任，为我国的技术创新和科技进步付出汗水，强国有我正是我们当代食品学子应担当的责任。

五、效果分析

通过在《食品生物技术概论（双语）》第五章《发酵工程与食品工业（Fermentation engineering and food industry）》的"发酵过程控制（Fermentation process control）"中引入维生素 C 的思政案例，有助于帮助学生树立正确的价值观，对学生未来工作及发展方向的选择有显著的帮助。

"课程思政"教学改革优秀案例 35

食品工艺学概论（双语）

课程名称：食品工艺学概论（双语）

主讲教师：刘国荣、王子元、王振华、毕爽

适用专业：食品科学与工程

课程类别：本科生专业课

一、案例主题

介绍中国传统发酵食品的种类及历史，提升学生的民族自豪感和文化自信。

二、结合章节

案例结合《食品工艺学概论（双语）》第五章《食品的腌渍、发酵和烟熏》中"食品的发酵保藏"内容。

三、案例意义

本课程以传统发酵食品的历史、种类和特点为中心，对课程宗旨进行升华与凝练，学生通过掌握不同的发酵类型、发酵产品的特点，理解发酵食品对人类的饮食重要性。再结合介绍我国传统发酵食品的历史，增强学生的民族自豪感和文化自信，有助于中华文化的传承和发扬光大。

四、案例描述

食品的发酵保藏是利用微生物的发酵反应，改善食品的品质、延长食品的保质期，并增加食品的风味和营养价值。在发酵过程中，利用有益微生物的代谢活动，使食品中的糖类、蛋白质、脂肪等营养成分分解或合成，产生酸性物质和抗氧化物质，从而抑制其他有害微生物的生长，形成具有特殊口感、色泽、气味和营养价值的食品。

传统发酵食品是我国古代劳动人民利用微生物的发酵作用，以酿造工艺加工而成的食品。传统发酵食品的种类很多，最主要的是酒、醋、酱和酱油，它们是中国人生活中必不可少的酿造调味品。发酵食品的发酵形式主要有液态或固态发酵和自然或纯种发酵。发酵食品使用的微生物有酵母菌、霉菌和多种细菌等。如白酒酿造过程中，发酵所用的大曲是由大麦、小麦等粮食原料保温培菌制得的。曲中的微生物构成十分复杂，有曲霉、红曲霉、根霉等霉菌，假丝酵母、汉逊酵母等酵母菌以及乳酸菌、丁酸菌、耐高温芽孢杆菌等细菌。此外，制作发酵食品的原料来源广泛，人们日常食用的谷类、豆类、蔬菜、乳、肉等食物几乎都可以制作发酵食品。传统的谷物类发酵食品有馒头、面包、醪糟、面酱、醋、发酵米粉及发面饼类等。传统的豆类发酵制品主要包括酿造酱油、豆酱、豆豉和腐乳四大类。传统的蔬菜类发酵食品主要包括泡菜等。传统的发酵乳制品是以牛、羊、马乳为原料，经乳酸菌、双歧杆菌和酵母菌等发酵制成的，代表性产品有酸奶、干酪等。传统的发酵肉制品，除了火腿、腊肉和腊肠，还有发酵鱼酱等调味品。

"传统"意味着传承，饮食文化的传承是历史文化传承里非常重要的一方面。早在公元前9000多年我国就已经酿造出了世界上最早的酒。河南贾湖遗址是世界上发现的最早酿造酒类的古人遗址。9000多年前贾湖人已掌握了目前世界上最古老的酿酒方法，其酒中含有稻米、山楂、蜂蜡等成分。公元前700多年西周民间开始利用白菜腌渍酸菜、利用豆酱腌制酱油。公元500多年魏代民间利用干豆腐加盐自然发酵制作豆腐乳，到了明代我国开始大量地加工腐乳。公元700多年豆豉由中国传入日本，利用米类、豆类蒸熟以微生物发酵制作味噌。秦汉时期传至日本寺院利用大豆蒸熟以微生物发酵制作纳豆。公元1000多年北宋民间利用大米蒸熟以曲菌发酵制作红曲，利用猪腿加盐腌制火腿。

中国的饮食文化博大精深，是中国人宝贵的精神财富。仅从发酵食品一项即可体味出我们祖先是如何以聪明智慧酿出美酒香醋，化腐朽为神奇。这些发酵食品也反映了中国古代在食品加工工艺上的成就，它们为现代微生物学的产生和发展打下了基础，对近代发酵科学的兴起做出了杰出的贡献。

五、效果分析

通过《食品工艺学概论（双语）》的课程思政实践，我们发现，当将传统思想政治教育融入专业课程学习中时，非常有助于学生了解中国饮食文化，对学生提高民族自豪感和文化自信具有极大的帮助作用。

"课程思政"教学改革优秀案例 36

英文科技文章阅读与写作

课程名称： 英文科技文章阅读与写作

主讲教师： 刘洁、王子元

适用专业： 食品科学与工程（中外）

课程类别： 专业必修课

一、案例主题

培养学生爱党、爱国的情怀，让学生知道科技强国的重要性，让学生了解科技论文撰写在学术交流中的重要性。

二、结合章节

案例结合《英文科技文章阅读与写作》第一章《绪论》的内容。

三、案例意义

本课程针对食品科学与工程专业的本科生,学生除了要掌握一定的专业词汇,通过不同类型文献的阅读,要求学生掌握对专业英语文献的阅读技巧,同时要求学生掌握英文文章的写作思路和技巧,此外还要对所阅读的文章做出客观的评价。再结合近年来我国在学术论文发表方面取得的重要成果,使学生进一步了解科技强国的重要性,使学生了解到科学研究应聚焦于当前我国科技发展中的"卡脖子"问题,从而培养学生的大局观。

四、案例描述

论文是一种学术性的文献,通常是指研究者在某一特定领域进行研究后所撰写的一篇具有学术价值和实用意义的文章。论文通常包括研究问题、研究方法、实验结果、数据分析、结论等内容,以及对已有研究成果的综述和评价。论文是学术界中重要的交流和评价方式之一,可以为学术界和社会提供新的知识和见解,推动学术研究的发展和进步,促进科学技术的创新和应用。论文可以传播学术思想和理念,促进学术交流和合作,推动学术界的国际化和多元化。

随着我国科技发展的进步以及科研能力和科研条件的发展,在食品领域发表了一系列突破性的成果,但是目前在食品制造业还有一些关键原材料或技术设备需要解决"卡脖子"问题。例如,在乳制品行业的一些乳基料还比较依赖进口,一些主流的生产设备,国内外生产的差距还比较大。饲草料、奶牛良种、婴配粉原材料对进口依赖度高,成本受贸易波动影响大。党的十八大以来,习近平总书记高度重视关键核心技术创新攻关,围绕破解"卡脖子"难题、将科技发展主动权牢牢掌握在自己手里作出一系列重要论述。而食品行业的一些"卡脖子"问题就要求我们食品专业的学生努力提升自身能力，通过文献调研和科研实验的开展，设计并开展真正能解决"卡脖子"问题的科学研究。

五、效果分析

通过"英文科技文章阅读与写作"的课程思政实践，我们发现，将当代思想政治教育融入专业课程中，非常有利于帮助学生树立正确的人生观和价值观，也能真正让学生知道当前国家发展的需求，对学生将来进入社会有极大的帮助。

"课程思政"教学改革优秀案例37

生物化学（双语）

课程名称： 生物化学（双语）

主讲教师： 刘英丽、谭晨、路士熠

适用专业： 食品中外班

课程类别： 本科生专业课

一、案例主题

培养学生的爱国精神、文化自信、哲学思维和创新意识。

二、结合章节

案例结合《生物化学》第二章《蛋白质》中"蛋白质的结构"内容。

三、案例意义

随着全球经济一体化和多元文化的不断发展，人们的思维观念也发生了显著

变化。在应对外来文化和知识的冲击时，高校双语课教师应在培养学生外语能力与专业技能的同时，更加强调引导学生树立正确的世界观和价值观，实现工具性和人文性的统一。"生物化学"是理、工、农、医等高校众多学科的专业基础课，其中"蛋白质的结构与功能关系"是多学科重要的交叉单元。在此背景下，将思政元素融入生物化学双语课程的课堂教学，不仅可以培养学生综合能力，提升学生的家国情怀、人文与科学素养，而且为高校实现立德树人和培养服务本国发展的高素质人才目标提供了重要支持。

四、案例描述

蛋白质是生命的物质基础，它不仅是组成生物体细胞和组织的重要有机物，也是生命活动的主要承担者，可以说没有蛋白质就没有生命。蛋白质具有分布广、种类多等特点，可以发挥催化、运输和储存、机械与运动、信息传递等多种生物学功能，其多样化的功能主要是由其组成和多级结构决定的。氨基酸是蛋白质的结构单元，不同氨基酸之间通过肽键相互连接构成多肽链，氨基酸残基的共价排列顺序即为蛋白质的一级结构；多肽链的主链骨架中的若干肽段的构象排列，即为蛋白质的二级结构；三级结构为多肽链在二级结构的基础上范围更广的盘旋和折叠；四级结构则指一个由多条肽链组成的寡聚蛋白质中，各亚单位的空间排布及其之间的相互作用。

一级结构的研究为生物进化提供了依据，不同生物的同一种蛋白其一级结构是不同的。在此引入第一个被测定一级结构的蛋白质——牛胰岛素，强调英国生物化学家弗雷德里克·桑格（Frederick Sanger）为此所创立的相关测定方法为蛋白质化学的发展奠定了基础，并以十余年探索历程引导学生学习工作要有锲而不舍的精神。由于传统教材与授课过程中对于蛋白质结构的认知历程介绍更偏重于国外的科学家，此处我们进一步突出介绍中国科学家在胰岛素的研究与应用历史中所做出的卓越贡献。例如，钮经义、邹承鲁等科学家拒绝国外的高薪挽留选择回国，在祖国可用资源十分贫乏的情况下克服重重困难，在世界上首次化学合成了具有生物活性的结晶牛胰岛素。这既有助于增强学生的爱国情怀和文化自信，也可以激发学生的攻坚克难和团结协作精神。蛋白质的一级结构决定了它的高级结构，从而决定了蛋白质的生物功能，因而其一级结构改变可造成生理功能的变化，进而导致疾病的发生。例如，镰状细胞贫血是一种遗传性血红蛋白病，它是由 β-肽链第 6 位的谷氨酸被缬氨酸所代替导致编码的氨基酸序列异常，构成了镰状血红蛋白取代了正常功能的蛋白，从而引发慢性溶血性贫血。通过融入此案例，使学生认识到生命体是一个由遗传密码编码多种成分构成的复杂庞大的整体，一种氨基酸的错位都会引起生物体功能的丧失，深刻理解"失之毫厘，谬以千里"的含义，启发学生严谨地对待科学问题，在未来工作中要脚踏实地、谨慎认真，避免因小的失误而造成严重的后果。在探讨蛋白质的四级缔合在结构和功能上的优越性的内容方面，进一步对血红蛋白的构象进行拓展与深化。血红蛋白是由两个 α-亚基，两个 β-亚基以共价键连接而聚合成的球状体，每一亚基都连着一个血红素，血红素中心为一个铁离子，能与氧分子结合。血红蛋白与氧的结合，并不引起亚基本身较大的构象变化，而亚基与亚基之间却发生了空间结构改变。由于协同效应，血红蛋白与氧分子的结合率在特定范围内随环境中氧含量变化剧烈改变，生物体内肺组织和其他组织中的氧浓度恰好分别位于两个临界浓度，因而血红蛋白可以在肺组织充分地与氧结合，在体内其他部分则充分地释放氧分子。运用血红蛋白的结构与功能的关系，启发学生对量变和质变辩证关系的讨论，加强其对辩证唯物主义的理解和应用。

在"生物化学（双语）"的授课过程中，坚持"育德重于育才"，穿插讲解国内外科学家的鲜活事例，可以让学生正确看待传统与外来文化，树立为国家发展做出贡献的远大理想；深入系统地挖掘蛋白质的结构与功能机理，将它与实际生活相结合，不仅能够充分地调动课堂氛围和激发学生学习兴趣，还有助于学生综合素质提升；构建以家国情怀、科学素养、生命教育为一体的三维思政框架。

五、效果分析

通过"生物化学（双语）"的课程思政实践，将当代思想政治教育融入专业课程中，有助于拓展视野，增强学生的学习积极性、文化自信，提升爱国意识；从科学思维建立等层面在生物化学课程中实施课程思政，可提升学生科学探索精神，对学生的未来职业规划有正向引导作用。

"课程思政"教学改革优秀案例 38

生理学基础

课程名称： 生理学基础

主讲教师： 郁永辉、张婧婕

适用专业： 食品营养与健康

课程类别： 本科生专业核心课程

一、案例主题

培养学生的责任意识、集体责任感和协作精神，领悟"一滴水"精神内涵。

二、结合章节

案例结合《生理学基础》第六章《消化与吸收》中"胃内消化"内容。

三、案例意义

本课程围绕"协作与责任"展开，对课程进行凝练和升华。学生不仅要了解胃的结构、胃液的成分和作用、胃的运动、胃消化的调节机制，更要从整体水平、器官水平和细胞水平三个层次的学习，深刻体会机体功能和结构的统一、局部和整体的统一以及个体与环境的统一，这种统一是借助不同成员间各司其职、凝心聚力、协调一致而实现的。包括消化在内的生理进程都是多器官协同配合完成的，胃在消化过程中起着"承上启下"的作用。即使是食物在胃中的消化，也是多细胞协同参与的复杂过程，各种细胞分工明确、各尽其责，任何一种细胞功能异常都可能影响胃消化功能；另外，胃的消化作用也不是一成不变的，而是依进食情况受神经系统和体液系统调节。本部分内容有助于增强学生的责任意识、集体责任感和协作精神，领悟"一滴水"精神内涵，为"健康中国"建设贡献力量。

四、案例描述

食物在体内的消化和营养物质的吸收是由消化系统完成的。胃是消化系统的重要部分，肩负承上启下的重任，其前端与食管连接，后端与十二指肠相连。进食时，经口腔咀嚼和初步消化的食物由食管进入胃，借助胃的化学性消化和机械性消化形成的食糜通过幽门括约肌逐步排入小肠。食糜在小肠中进一步消化后营养物质主要在小肠被吸收，进入血液循环并运输至各组织器官，满足机体对营养物质的需求。而无法被机体吸收的物质则进入大肠，最终排出体外。

胃内消化分为化学性消化和机械性消化。化学性消化主要通过胃腺分泌胃液实现。胃内有三种外分泌腺，分别称为贲门腺（近贲门处）、泌酸腺（广泛分布于胃体和胃底）和幽门腺（近幽门处），三处腺体分泌的混合液被称为胃液。其中盐酸和内因子由胃腺壁细胞分泌，胃蛋白酶原由主细胞分泌，黏液则由胃黏膜表面上皮细胞、泌酸腺颈黏液细胞、贲门腺和幽门腺的黏液细胞共同分泌，碳酸氢盐由胃黏膜的非泌酸细胞分泌。此外，胃液中还含有水、Na^+、K^+等多种无机物。盐酸既可使食物中蛋白质变性并起到杀菌作用，又能为胃蛋白酶的活化提供适宜的酸性环境；胃蛋白酶原在盐酸作用下转变为有活性的胃蛋白酶，继而将蛋白质分解为䏡和胨以及少量的多肽和氨基酸；内因子可促进维生素 B_{12} 的吸收；黏液和碳酸氢盐则分别构成了胃黏膜物理性屏障和化学性屏障，协同保护胃黏膜免遭胃酸和胃蛋白酶的侵蚀。胃壁黏膜层之下是由平滑肌组成的肌层，肌层因肌纤维走向不同而分为斜行、环行和纵行3层。机械性消化主要通过胃壁平滑肌的运动来完成，包括容受性舒张、紧张性收缩和蠕动三种运动形式。一方面，配合胃液促进食物在胃内的消化；另一方面，推动胃内容物向十二指肠移行，有助于胃排空。

胃内主细胞、壁细胞、黏液细胞、上皮细胞、平滑肌等分工明确、各司其职、协调一致，才能顺利完成胃内消化过程。任一成员出现问题，都会导致胃消化功能异常。如胃酸分泌不足易导致消化不良，胃酸分泌过多或胃黏膜屏障受损则会导致胃酸和胃蛋白酶对胃黏膜产生侵蚀作用，造成胃黏膜损伤甚至胃溃疡；若机体内缺乏内因子，会造成维生素 B_{12} 吸收障碍，易引发巨幼红细胞贫血。同时，胃的机械性消化和化学性消化依进食状态均受神经系统和体液系统调控。由此可见，工作有分工，但无高低贵贱之分，立足岗位、履职尽责，目标一致、团结协作、协调一致，每人贡献自己的一份力量，才能保证机体高效运转。

五、效果分析

通过"生理学基础"的课程思政实践，我们发现，将思想政治教育有机融入课堂，有助于从责任意识、集体责任感和协作精神等方面来提升学生的思想政治觉悟和社会适应能力，领悟"一滴水"精神内涵，树立正确的价值观，为党育人、为国育才，培养中国特色社会主义事业合格建设者和可靠接班人。

探 讨 篇

工程教育专业认证导向的微生物学
课程思政教学设计与实践

——以北京工商大学食品科学与工程专业为例

摘　要： 开展课程思政是新时代高校大学生思政教育工作的重要任务，是应对高等教育的核心问题"培养什么人"和"为谁培养人"的有效路径。微生物学课程是我校食品科学与工程本科专业的必修基础课，是培养学生工程实践认知的基石，是重要的课程思政教育的前沿阵地。微生物学课程组在 OBE 理念的工程教育专业认证导向下，全面且充分挖掘其中蕴含的课程思政元素，凝练出本课程的思政教学目标，重构课程内容，设计完成了深度融合思政教育元素的体现 OBE 理念的线上线下混合式教学方案，并在教学过程中进一步探索课程思政教学方法。

关键词： 课程思政；工程教育专业认证；微生物学；线上线下混合式；课堂教学改革

育人为本是教育的生命和灵魂，是教育的本质要求和价值诉求。然而，新时代高校年轻一代一些学生在多元化思潮的影响下，可能会产生一些不好的倾向，如价值观念扭曲、功利思想严重以及政治信仰模糊等，高校思政工作应提出更高的新要求。习近平总书记在 2016 年全国高校思想政治工作会议上强调："做好高校思想政治工作，要因事而化、因时而进、因势而新。……要用好课堂教学这个主渠道，思想政治理论课要坚持在改进中加强，提升思想政治教育亲和力和针对性，满足学生成长发展需求和期待，其他各门课都要守好一段渠、种好责任田，使各类课程与思想政治理论课同向同行，形成协同效应。"高校专业教师与党政工团、辅导员、班主任、导师以及思政教师等一起共挑"思政担"，开展课程思政，是新时期高校开展大学生思政教育工作的方向与任务，这一任务目标回答了高等教育核心问题——培养什么人和为谁培养人。

我校食品专业微生物学课程组一直致力于提升教学效果的课程教学改革与实践，不断探索如何在 OBE 理念的工程教育模式下，将思政教育元素深度融入专业课程的教学体系，并在教学过程中进一步寻求更好地进行课程思政的教学方法，努力提升专业课教学水平以及学生的学习成效，以期实现学生能力要求，贯彻习近平总书记使专业课程与思政教育同向同行，形成协同效应的思想。

一、微生物学课程关联工程教育认证目标达成的课程思政设计思路

微生物学课程是我校食品科学与工程本科专业的必修基础课，是学生形成专业思维模式的起点，也是培养学生工程实践认知的基石，是重要的课程思政教育的前沿阵地。各高校专业人才培养方案中开设学期普遍是在第 4 学期，通常来说，该学期是学生奠定专业基础知识的启蒙期，融入思政元素的该课程对于帮助学生建立专业信心具有重要的引导作用。更为重要的是，该课程是工程教育专业认证体系中有关掌握食品工程知识，能够运用数学、自然科学和工程科学的基本原理和相关数学模型，识别和判断复杂食品工程问题的关键环节与参数。基于科学原理并采用科学方法，能够对复杂食品工程问题进行研究，具备终身学习的知识基础、掌握自主学习的方法等毕业要求的强支撑课程。在工程教育专业认证导向下，

课程组探索将思政教育元素深度融入微生物学课程教学之中，在通过专业课程实现对学生进行相关思政教育的同时，对于工程教育认证体系中相关综合素养能力的达成具有积极的促进作用。

为了实现专业课思政元素的有效设计，微生物学课程组在长期的课程教学研究与实践过程中，在 OBE 理念的工程教育专业认证导向下，全面且充分挖掘其中蕴含的课程思政元素，凝练出本课程的思政教学目标，通过重构课程内容，设计完成了深度融合思政教育元素的体现 OBE 理念的线上线下混合式教学方案，并在教学过程中进一步探索课程思政教学方法，教学过程贯彻"三全育人"成效显著，为工科专业课程思政推动"三全育人"提供创新思路与方法参考。以 OBE 理念为核心的工程教育育人模式明确提出工科学生在掌握专业理论知识的同时需获得人文社会科学素养、社会责任感、职业道德、创新意识、良好的表达和人际交往能力、终身学习意识、竞争与合作能力等，而这些素养能力的获得均应从专业课程的思政教育得到有效支撑。

"育人为本、德育为先"是实施教育的主导思想。教育科学发展的本质要求，是把育人为本作为教育工作的根本要求。在设计微生物学课程思政教学方案过程中，我们对于课程内容中隐含的思政教育元素进行了全面且充分的挖掘。比如，引导学生树立正确的价值观、人生观，培植学生的爱国情怀；提高学生的民族自豪感，增强学生的文化自信；培育学生职业素养、敬业奉献精神以及团队合作意识；培养学生实验素养、严谨的科学态度以及吃苦耐劳、实事求是的科学精神；等等。这些元素天然地与工程教育专业认证中的素质教育目标（如人文社会科学素养、社会责任感、职业道德、创新意识等）之间具有必然的联系，将它们关联起来，来制定切实可行的教学方案。授课过程中选择为国家、为科学做出重要贡献科学家的故事作为实例，通过给学生讲真人真事的研究与生活小故事，让学生更易于找到学习的榜样，科学不再高冷，教学过程有温度，更为培育学生的人文情怀创造机会。

二、工程教育认证体系下的微生物学课程思政教育深度融合途径与实践

课程思政的运行及实践效果如何关键在于学生在学专业课程过程中对课程中融入的思政元素的认知与毕业后综合素质能力的提升。微生物学课程组立足于科学前沿，组织集历史与现实相结合的科学研究实例作为教学素材，在有温度有情怀的教学过程中，实现了工程教育认证体系下的微生物学课程思政教育深度融合。

在课程思政的理念下，要能够找到微生物学专业知识与课程思政教育的结合点与切入点，以充分发挥专业课程的育人功能。综观微生物学科的发展史，我们发现课程中蕴含着十分丰富的课程思政素材，选取与课程教学内容密切相关的案例，重要历史事件、重要科学家人物等均可作为素材，教师进行适当地引导，将思政教育贯穿于课堂教学过程。

为了使思政教育在微生物学课程实验和实践环节中充分发挥育人作用，课程组构建了立体化的实践教学新模式。根据课程特点和定位设计课程内容，把本学科最新发展成果和教改教研成果引入教学实践，在实践教学方面尝试构建立体化的实践教学模式，形成微生物学课程"课内实验，延续性教学实践，实践环节检验"三步走的立体化实践教学过程，强化微生物实验课堂、"项目式科研实训"计划等实践教学环节，培养学生的创新精神和实践能力。尤其值得一提的是，在项目实训环节，有侧重地设计了针对我国传统发酵食品领域的问题进行分析与研讨、实验的专题，并在研究专题的设计与选择上即融入了课程思政的理念：创新研究专题"中国传统发酵食品特定生境优良菌株筛选及性质研究"。首先，组织学生讨论中国传统发酵食品案例分析与技术提升策略，要求学生了解我国传统发

酵食品的悠久历史和文化积淀，理解我国传统发酵食品内在原理、存在问题以及发展方向；其次，要求学生通过实际案例学习以及实验研究，理解传统发酵产品技术提升策略的设计方案，并能针对我国传统发酵食品领域问题进行分析与产品开发，有侧重地分析方案在技术及经济方面的可行性。通过实践教学过程，培养学生实验素养与严谨的科学态度，在提升对我国传统文化的认同感、增强文化自信的同时，培育学生团队协作的合作意识，吃苦耐劳、实事求是的科学精神以及求真务实的社会责任感，助力学生成长为合格的社会主义的建设者和接班人，达成课程目标。

三、思考与体会

创新性地开展课程思政是新时期高校大学生思政教育工作的重要任务，是应对高等教育的核心问题"培养什么人"和"为谁培养人"的有效路径，是推进"三全育人"的措施和实践。专业课程思政教育究竟如何落实到课堂教学过程之中？思想政治教育工作内容与尺度应该如何把握？专业知识的学习与思政教育如何做到同向同行？

这些问题在微生物学课程教学改革的过程中，我们一直都在思考和摸索。目前，如何通过专业教育和思政教育的高效有机融合，实现传授知识与引领价值并行的课程教学过程，仍需我们专业课教师不懈地努力和积极地探索。微生物学课程组的老师们致力于探索课程教学改革的新途径与方法的同时，也在深入挖掘课程体系中蕴含的德育资源，尝试更加深刻地认识与理解专业课程思政的内涵。探索专业课程思政教育的新途径，通过优化教学内容、改进教学方法、丰富教学手段，在专业知识传授的过程中，实现对学生潜移默化、润物细无声的思政教育，为党和国家培养合格的社会主义建设者和接班人。

参 考 文 献

姜波, 李丽君. 2019. 三全育人视域高校"思政课程"到"课程思政"转变的路径探析[J]. 教育现代化, 6（57）: 260-262

李爱国, 李恒爽. 2019. 专业课教师参与大学生思想政治教育的思考[J]. 高教学刊, （17）: 174-176

陆道坤. 2018. 课程思政推行中若干核心问题及解决思路——基于专业课程思政的探讨[J]. 思想理论教育, （3）: 64-69

吕宁. 2018. 高校"思政课程"与"课程思政"协同育人的思路探析[J]. 大学教育, （1）: 122-124

（主要执笔：李秀婷）

食品添加剂课程思政建设探索

——"学识用"三位一体培育特色人才

摘　要： 全面推进课程思政建设是贯彻落实习近平总书记关于"立德树人"指示精神的重要举措。食品添加剂课程是我校食品专业的专业课，也是彰显我校专业优势的特色课程。该课程思政教育的延伸对于提升学生专业认可度与社会责任感，对我国食品添加剂特色方向创新型人才培养具有重要意义。本文以食品中的添加剂为特色抓手，塑造"学以识，识为用，用促学"三位一体的特色人才培养理念，挖掘相关思政元素教学实践案例，充分发挥添加剂特色社会服务功能，为更好地落实全面育人课程思政建设提供经验和借鉴。

关键词： 食品添加剂；课程思政；"学识用"三位一体；课程实践

一、食品添加剂课程思政的意蕴及价值

随着时代发展，高等教育正面临着更高的要求，高校在进行专业教育时必须积极进行人才培养模式的改革，注重人才培养质量。全面推进课程思政建设是贯彻落实习近平总书记关于"立德树人"指示精神的重要举措，也是构建优质教育体系、优化教育类型定位的重要任务。高校教师如何在课程思政实践中改变现有的灌输式一言堂教学模式，使课程教学模式与数字信息化时代社会对人才需求多

层次的发展现状相匹配、与专业发展和学生内在需求相适应，成为一个新的研究课题。

食品添加剂课程是我校食品专业的核心专业课，也是彰显我校专业特色的课程。作为与民众日常膳食和身体健康密切相关的一门学科，食品添加剂课程内容延伸出的"社会责任感""民族自信""文化自信""食品安全意识""工匠精神"等都是重要的思政元素。通过对课程中的科学知识教授，能够提高学生的专业认可度，增强食品产业科学发展观、食品安全意识、社会责任感和使命感。

二、食品添加剂课程思政目标

根据不同阶段学生学习特点和社会需求，将课程思政元素从"学""识""用"三个层次融入食品添加剂课程的授课体系中，建立"学以识，识为用，用促学"三位一体食品添加剂特色人才培养体系。

目标一：培养学生正确认识到食品添加剂对食品行业发展产生的作用，提高学生分析和解决问题的思辨能力，同时激发学生对课程、对学科的热爱，树立大食物观，激发学生科学研究的兴趣。

目标二：使学生了解我国食品的悠久历史，感受食品产业发展的巨大成就，增强民族自信心和自豪感，提升专业认可度与社会责任感，为我国食品添加剂特色方向创新型人才培养奠定坚实的基础。

三、食品添加剂课程思政建设体系构建

（一）"学以识，识为用，用促学"三位一体特色人才培养理念

食品添加剂课程教学团队改变常规的课堂教学与实践模式，根据不同阶段学

生学习特点和社会需求，从"学""识""用"三个层次对食品专业食品添加剂相关的实践体系进行设计，同时在培养的各个阶段将相关的思政元素融入教学体系中，建立"学以识，识为用，用促学"三位一体食品添加剂特色人才培养体系。

（1）在"学"的方面，与时俱进地将食品添加剂相关的课程思政元素融入食品添加剂相关教案准备、课后作业布置、教材撰写、科普工作开展等环节中，强化了创新素质教育。

（2）在"识"的方面，采用专任教师、行业专家和学生自我三种角色授课的课堂教学环节设计，加深学生对食品添加剂相关领域国内外最新的科研成果以及当前食品生产、流通过程中食品添加剂的生产、使用、流通、监管等实际环节面临的问题的认识，开拓学生视野，激励学生的学习和科研热情，进一步提高学生专业认可度。

（3）在"用"的方面，让学生走进社区开展有关食品添加剂相关调查与科学知识普及工作，为广大消费者解读食品添加剂相关食品安全事件，显著提升食品专业学生对食品安全相关工作的社会责任感。

（二）食品添加剂课程思政建设体系特色分析

"学以识，识为用，用促学"三位一体人才培养模式的创新从"学""识""用"三个层次对食品添加剂相关的教学与实践体系进行设计。第一个层次"学"，在课程建设的基础上，促进思政"底色"与专业"特色"的有机融合，打造食品添加剂课程思政体系，显著提升食品专业学生的专业认同感；第二个层次"识"，在课程课堂授课过程中采用三类角色讲课的课堂教学环节，强化实际案例授课模式，增强学生的社会责任感。第三个层次"用"，结合食品专业相关各种创新大赛、食品添加剂相关调查与科普工作，进一步提升国民科学素养，从而最终达到"学以识，识为用，用促学"三位一体人才培养模式。

四、食品添加剂课程思政建设摸索与实践

（一）食品添加剂思政建设实践整体概况

近年来，食品添加剂课程根据不同阶段学生学习特点和社会需求，从"学""识""用"三个层次进行食品添加剂课程授课体系改革，建立"学以识，识为用，用促学"三位一体食品添加剂特色人才培养体系，显著提升了学生的专业认可度与社会责任感，为我国食品添加剂特色方向创新型人才培养奠定了坚实的基础。

1. "学"方面

（1）深入挖掘课程中蕴含的思政教育资源。从教学目标、教学内容和环节、教学策略与方法等方面融入价值引领内容。将食品添加剂课程相关的思政元素融入食品添加剂相关教案准备、课后作业、教材撰写、科普书籍编写等环节，显著提升学生的专业认可度。

（2）自主编写多本食品添加剂教材与科普相关书籍。将教学与科研成果融入教材中，使教学内容具有立体性和时代前沿性（图 1）。近年来，主编食品添加剂相关精品教材一部，同时，食品添加剂教学团队还在对消费者对食品添加剂相关的问题进行收集整理的基础上，编写食品添加剂科普书籍，使教学系统更完整的同时，进一步结合专业特色更好地服务社会。

图 1　食品添加剂教材与科普相关书籍

2."识"方面

（1）三类角色讲课的课堂教学环节设计。在改革课程教学内容的基础上，进一步采用三类角色授课的课堂教学环节设计，拓宽学生的知识面。

专任教师课堂授课模块：此模块中引入食品添加剂相关领域内国内外最新的科研成果，开拓学生视野，激励学生的学习和科研热情。

行业专家课堂授课模块：针对当前食品工业生产、流通过程中对食品添加剂的生产、使用、流通、监管等实际环节面临的问题，结合当前食品科学领域前沿热点问题，邀请企业、行业、食品监管领域高级技术人才进入课堂给学生授课，拓宽学生视野，提高学习积极性。

学生自我课堂授课模块：学生分组自由选取近年来被广泛关注的食品安全问题，针对不同专业课程的知识点，选择相关安全热点问题开展讨论或辩论等多种形式的课堂活动（图 2），并由专业授课老师或者行业专家对学生的讨论分析结果进行点评、考核，进一步调动学生对专业的认同感和社会责任感。

图 2　食品添加剂课程小组讨论作业题目

（2）食品添加剂使用与监管情况调查。在专业教师的指导下组织学生深入超市、食品市场等地调查消费者对食品添加剂的态度以及各类食品中食品添加剂的使用情况，同时定期对北京市与国家相关网站上食品添加剂相关事件进行统计，并形成报告，从而使学生能够更加深刻地了解我国食品添加剂目前的使用情况，强化学生们对我国食品添加剂实际情况的了解，进一步提升学生的专业认可度与社会责任感。

3. "用"方面

（1）积极组织学生参加创新大赛等相关活动。食品添加剂授课团队教师每年会指导学生参加国内外大学生食品相关的各种创新大赛，将课堂中学到的专业知识运用于产品创新、配方设计、工艺改良过程中，强化学生对食品添加剂的认识，进一步延伸实践环节的广度和深度（图3）。

图3 学生自己设计的食品创新产品

（2）积极组织食品添加剂科普平台建设工作。食品添加剂教学团队与食品伙伴网、中国食品添加剂和配料协会等专业网站联管联办科普栏目开展丰富多彩的科普活动（图4）。积极组织学生走进社区、街道开展有关食品添加剂的调查与科学知识普及工作，为广大消费者解读食品添加剂食品安全事件，为进一步提升全民科学素养做出一定贡献。

图 4　孙宝国院士参加央视《开讲啦》栏目进行食品添加剂科普讲座

（二）食品添加剂课程思政教学实践案例

1. 案例 1　解读食品安全热点问题，做出正面引导，弘扬社会正气

学生课后调查科普实践作业："马路边边"色素违规添加事件解读，学生在进行调查的基础上，做了科普宣传折页（图 5），深入社区向消费者进行科普，提升学生社会责任感与国民科学素养。

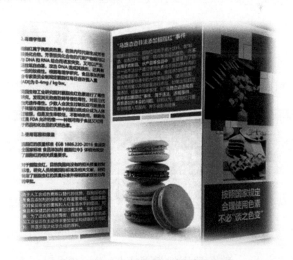

图 5　学生自制科普宣传手册展示

2. 案例 2　对比传统食品生产工艺变化，体会食品科技进步，提升专业认可度与民族自豪感

学生课堂讨论作业（图 6），对我国传统食品生产过程中使用的食品添加剂的演变发展情况进行了概括总结。发挥学生主体作用，了解传统食品产业的发展变化情况，提升专业认可度与民族自豪感。

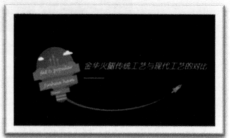

图 6　学生课堂展示作业 ppt 展示

课程内容与课程思政形成协同效应，突出食品添加剂课程教学的育人导向，形成课程的思政理念，从日常生活中各种食品添加剂具体案例出发，提升学生的民族自豪感，同时发挥食品专业实践特色，树立学生正确的价值观，激发食品专业学生的职业道德与社会责任感，突出课程特有的思政元素。基于以上理念，将课程具体教学内容与不同思政元素自然融合，在讲授课程内容的过程中，融入我国传统食品中食育知识点与食品添加剂对现代食品工业的重要意义和学生应该具有的国际视野、创新思维、思辨特性等思政元素，依托食品添加剂相关案例库进行课程讲授。在传授知识和培养能力的同时，弘扬爱国精神，培养学生的家国情怀，激发学生学习热情，全面提升学生的责任感和使命感，坚定学生矢志报国的信念。

以上案例为食品添加剂绪论章节，介绍食品添加剂的基本概念、作用、公众的认识误区、对食品品质的影响和未来发展方向。让学生初步认识食品添加剂，了解其对食品的重要性，激发学生的学习兴趣。首先通过"卤水""味精""薄

荷脑"等案例让学生认识到食品添加剂与食品不可分割，古今中外食品中都有食品添加剂。然后通过"油条制作""冰淇淋制作""无糖食品中甜味剂的使用""肉制品中亚硝酸盐的使用""蛇果打蜡"案例详细介绍食品添加剂的作用，在介绍"蛇果打蜡"案例中提出我国在隋文帝时期就已经发明了黄柑涂蜡保鲜技术，比国外的食品被膜剂发明时间早了近千年。增强学生对我国文化的深度认同感，传播文化自信。

接下来通过"蛇果使用被膜剂""花生油使用抗氧化剂""糕点类食品使用色素"等5个案例介绍食品添加剂对现代食品工业的必要性，让学生理解食品添加使用与现代食品工业之间的关系，培养学生的思辨精神，以及解决问题、分析问题的能力。随后通过"不同口味香精的开发""味料同源"理念的形成等案例介绍食品添加剂对食品色、香、味的影响，其中"味料同源"理念是由我校研究团队初次提出，研究了以畜禽肉、骨、脂肪为主要原料的肉味香精制造技术，奠定了我国肉味香精制造的技术基础，以学生身边的教师实际科研工作为例，弘扬科学家精神，激发学生的科研热情。最后通过比较国内外食品添加剂管理研发现状，介绍我国近年来在相关领域取得的重要成就，但必须承认在某些技术上还有显著差距，引导学生树立远大理想，努力学习，将来能够为国家科技发展贡献自己的一份力量，激发学生的家国情怀。

五、思政建设多维度评价

（一）师生评价

通过食品添加剂课程思政实践，在课堂中举例介绍什么是食品添加剂，以及未来食品添加剂的发展方向，对学生进行民族自豪感及爱国主义教育，使学生充分认识并理解食品添加剂这门课的重要意义。此外，引导学生在学习专业知识的同时，更具有荣誉使命感和责任感。鼓励学生采用思辨的方法分析问题，解决问题，切实掌握食品添加剂相关的专业知识，在今后的工作中能够为我国食品工业的进一步发展做出贡献。

学生在调研、科普的实践环节中能够将课堂授课的相关知识点与课外内容相呼应，极大地调动食品专业学生的社会责任感与专业认可度。近 5 年食品添加剂课程团队教师的学评教成绩均在学院前列。

食品添加剂教学团队近年来举办了两次全国食品添加剂教学研讨会，向与会的 40 余所高校的 60 多位教师交流了团队在食品添加剂课程的教学改革经验，食品添加剂教学团队所建立的"学以识，识为用，用促学"三位一体食品添加剂特色人才培养体系以及带领学生开展的食品添加剂调研与科普工作也得到了广大同行的一致认可与好评。

（二）社会反响

食品添加剂授课团队在教学过程中还积极组织学生开展丰富多彩的科普活动，消除大众对食品添加剂、食品安全事件的误解，进一步提升国民科学素养。近 5 年来开展各类科普活动 300 余次，其中团队负责人孙宝国院士主编的科普书籍《躲不开的食品添加剂》，用科学、通俗的语言对食品添加剂进行解读和说明，使公众对食品添加剂有更准确、科学、清晰的认知，为我国食品产业健康良好的发展提供了有力支撑。该书先后印刷 11 次，主编孙宝国院士荣获 2016 年国家科学技术进步奖二等奖等多项国家级奖励。

六、结　语

课程思政教育实践能够发挥教书育人、立德树人的作用，是一种行之有效的育人育才课程改革方式，也是必须长期坚持的工作。食品添加剂课程将思政"底色"与专业"特色"有机融合，将进一步加强食品添加剂课程线上线下混合教学建设工作。食品添加剂课程建设将对标国家级一流本科专业课程的要求，强化专业课与思政教育结合的学习与研讨工作，以专业教育为核心，结合不同的思政元素点开展食品添加剂在线课程的建设工作，并在此基础上进一步减少课堂上理论课程讲授的时间，加大行业专家授课比例，延长学生进行食品添加剂相关调研、科普和讨论的学时，为学生提供优质高等教育资源的同时，提升学生的专业水平与专业社会责任感。

积极发挥食品添加剂课程的特色服务社会，提升国民科学素养。由食品添加剂课程团队专业教师组织学生积极开展丰富多彩的科普活动，可以通过拍摄科普小视频等方式用科学通俗的语言对目前消费者关注的食品添加剂相关热点事件进行解读和说明，消除大众对食品添加剂相关食品安全事件的误解，进一步提升国民科学素养。

参 考 文 献

陈海华, 慕鸿雁, 王雨生. 2022. 立德树人视域下食品科学与工程专业食品化学课程思政教学改革与实践[J]. 安徽农学通报, 28（4）：150-155

扶庆权, 王蓉蓉, 韩苗苗, 等. 2023. 基于成果导向教育理念的《食品添加剂》课程思政元素的设计与实践[J]. 食品与发酵工业, 49（19）：376-380

高等教育司. 2023. 关于印发《教育部高等教育司 2023 年工作要点》的通知[EB/OL].（2023-03-29）. http://www.moe.gov.cn/s78/A08/tongzhi/202303/t20230329_1053339.html

冀晓龙, 侯春彦, 杨留枝, 等. 2020. 课程思政背景下的《食品化学》课程体系与教学内容改革的探讨[J]. 轻工科技, 36（6）：161-162, 194

教育部. 2020. 教育部关于印发《高等学校课程思政建设指导纲要》的通知[EB/OL].（2020-05-28）. https://www.gov.cn/zhengce/zhengceku/2020-06/06/content_5517606.htm

教育部 中共中央宣传部 中共中央网络安全和信息化委员会办公室 科学技术部 工业和信息化部 生态环境部 国家卫生健康委 国家文物局 国家乡村振兴局 中国关心下一代工作委

员会. 教育部等十部门关于印发《全面推进"大思政课"建设的工作方案》的通知[EB/OL].
（2022-07-25）. https://www.gov.cn/zhengce/zhengceku/2022-08/24/content_5706623.htm

李才明, 蒋自航, 范大明, 等. 2022. "碳中和"理念下《食品工厂设计》课程思政教学设计与实
践[J]. 食品与发酵工业, 48（10）: 328-332

李翠翠, 张艳艳, 刘兴丽, 等. 2023. 工程教育认证背景下《食品分析》思政育人路径探索[J]. 食
品与发酵科技, 59（4）: 156-160

刘慧琳, 穆琳, 陈晓默, 等. 2016. 量子点印迹传感体系在食品检测中的研究进展[J]. 食品研究
与开发, 37（14）: 173-177

刘卫华, 王向红, 米思, 等. 2020. 食品化学课程思政教学模式探索与实践[J]. 轻工科技, 36（11）:
142-144

吕欣然, 白凤翎, 张德福, 等. 2023. "食品安全学"课程思政教学思路探索与实践[J]. 食品工业,
44（8）: 344-346

沈壮海. 2021. 办好思政课的根本遵循——写在习近平总书记主持召开学校思想政治理论课教
师座谈会两周年之际[J]. 国家教育行政学院学报,（1）: 3-10

隋春霞, 冯时, 王多, 等. 2024. 数智化时代背景下《食品化学与分析》课程思政建设的教学改
革与实践[J]. 食品工业科技, 45（11）: 323-332

巫小丹, 屠心怡, 付桂明, 等. 2023. "新工科"背景下"食品微生物学"教学改革探索与实践[J].
微生物学通报, 50（2）: 754-765

习近平. 2016. 把思想政治工作贯穿教育教学全过程　开创我国高等教育事业发展新局面
[EB/OL].（2016-12-09）. http://jhsjk.people.cn/article/28936173

习近平. 2018. 坚持中国特色社会主义教育发展道路　培养德智体美劳全面发展的社会主义建设
者和接班人[EB/OL].（2018-09-11）. http://jhsjk.people.cn/article/30284771

徐春雅, 张秀艳, 李牧, 等. 2022. 工程教育背景下"食品发酵设备与工艺"课程思政的探索与
实践[J]. 食品与发酵工业, 48（16）: 334-340

徐文思, 贺江, 杨祺福, 等. 2020. 课程思政融入"食品化学"课程的教学探索与反思[J]. 农产品
加工,（23）: 85-87

薛山, 江文辉, 李变花. 2022. 食品专业课程中思政元素映射靶点与融入路径研究——以福建省
一流课程食品安全与卫生学为例[J]. 安徽农业科学, 50（22）: 261-265, 268

杨巍, 夏红. 2021. 食品化学课程思政切入点的发掘[J]. 绿色科技, 23（17）: 276-278

（主要执笔：孙宝国　王蓓　赵国萍　王少甲　曹雁平）

大数据时代下"动植物检验检疫学"
精准教学模式研究

摘　要： 随着科技的进步，云计算、人工智能、物联网等信息技术不断革新，上述技术的发展对高校的传统教育形式和教学模式产生了深远影响。传统的教育方式已经难以满足当今教育的发展需求。在大数据和人工智能技术的引领下，高校教育教学改革迈向了一个全新的阶段，教育信息化从1.0时代跨入了2.0时代。由于"动植物检验检疫学"课程具有强烈的政策性、实践性和应用性的特点，需要积极融入教育信息化2.0的浪潮。通过改进课程的教学模式和教学方法，极大地激发学生参与课堂教学的热情，从而显著提升教学效果。

关键词： 动植物检验检疫学；精准教学；高等教育；教学改革

在20世纪60年代初期，奥格登·林斯利教授以其深厚的学术积累和独到的见解，提出了一种具有革新性的教学方法——精准教学。这一方法颠覆了当时传统的教学模式，强调教师需细致观察学生在课前、课中及课后的学习表现，并详细记录学生在学习不同知识点时的频率。通过这种方式，教师可以全面了解学生的学习行为和习惯，从而制定出更为科学严谨的教学策略，满足不同学生对知识点的个性化需求。精准教学不仅能够提升学生的学习效果，也为教育工作者提供了全新的教学思路和方法。

随着教育理论的持续丰富和进步，精准教学原则也在不断地演进和提升。最初，精准教学主要聚焦于学生的表现，将它作为教育成果的唯一评价依据。它强调对可以直接观察到的学习行为进行持续监测，以"频率"来衡量行为的表现，并采用标准变速图表等人工评价方式来记录和呈现这些表现。然而，随着科技的飞速发展和教育理念的更新，精准教学的评价方式也在逐步发生变革，朝着更加智能化的方向发展。借助先进的技术手段，如人工智能、大数据分析等，精准教学的评价方式得以进一步优化。这使得教育工作者能够更准确地把握学生的学习状况，及时调整教学策略，以满足学生的学习需求，进一步提升教育教学的效果。

借助先进的数据分析和人工智能技术，精准教学的评价模式得以实现更为精细化和个性化的教学决策。智能系统通过收集并分析学生的学习数据，可以自动评估学生的学习进度和需求，为教师提供更为精准的教学指导。此外，智能系统还能根据学生的个性化需求和特点，提供定制化的学习资源和教学策略，使教学更加贴近学生的实际需求。因此，随着大数据、人工智能等技术的持续发展，精准教学将进一步拓宽其应用领域，并不断提升其智能化水平。有助于教育工作者更好地理解学生，制定出更符合学生需求的教学方案，进一步提升教育教学的质量和效果。

尽管评价方式有所变化，但精准教学的主要评价依据并未发生显著改变。现阶段，教师仍以"流畅度"为主要关注点，即目标行为在单位时间内出现的频率。这种评价方式充分体现了精准教学的特点，并为教师提供直观的教学效果衡量标准。通过监测学生的行为频率，教师可以更好地了解学生的学习状况，及时调整教学策略，以满足学生的学习需求，进一步提升教学效果。

现阶段的精准教学是一种基于大量数据反馈的教学模式，它强调根据数据反馈调整教学决策。精准教学并非与其他教学模式相互排斥，而是可以相互补充、共同进步。作为数据驱动的系统教学程序，精准教学具有显著优势，能够为教师提供更精确、更全面的学生需求信息，以优化教学指导。通过数据分析和人工智能技术，精准教学能够实现更精细化和个性化的教学决策，进一步提升教育教学的质量和效果。

随着信息技术的迅猛发展，物联网、大数据、云计算等新兴技术已成为精准教学发展的关键驱动力。在新技术的推动下，教育信息化从 1.0 时代迅速升级到 2.0 时代，使精准教学迈向更加智能化、精细化的新阶段。教师通过运用上述先进技术手段，能够更深入地了解学生的学习需求与特点，为他们量身定制更具个性化的教学方案，从而提高教学效果和学习体验。这一转变有助于实现更高效、精准的教学方式，进一步推动教育的创新发展。此外，这些技术的应用还促进了教育资源的优化配置与利用，缩小了不同地区、不同学校之间的教育差距，为推动教育公平与发展做出了积极贡献。

大数据技术的应用使数据规模和类型达到了前所未有的高度，极大地提升了数据采集与处理的效率。基于大数据技术发展的精准教学，充分利用大数据技术的优势，以精准分析学情为基础，实现了教学目标、教学内容、教学活动和学习表现等方面的精准定位和定制。这使得教师能够制定出更精确的教学决策，使教学过程和结果变得可量化、可调控和可监测。同时，大数据技术推进的精准教学延续了固有精准教学所重视的"学习人员最清楚"的原则，即学习人员的学习效果及表现仍然是评价的唯一依据。这种以数据驱动的精准教学有助于提高教学效果和学习体验，进一步推动教育的创新发展。这种评价方式强调学生的主体性，充分体现了以学生为中心的教育理念。通过精准教学，学生能够更好地掌握知识，提高学习效果，同时教师也能更好地了解学生的学习状况，及时调整教学策略，以满足学生的学习需求。

一、引入数据驱动下的课堂教学模式的现实意义

动植物检验检疫学是食品质量与安全专业学生必修的一门重要专业课。通过

学习，学生能熟悉动植物检验检疫的基本法律法规和流程，掌握相关检测原理和方法，培养解决实际问题的能力。该课程有助于学生理解食品安全检测在国内外贸易中的重要性，并强调掌握先进检测技术的重要性。这不仅有助于保障我国食品安全、生态安全和国家安全，也是一门结合技术性、政策性、实践性的本科生课程。在当前环境下，加强该课程的信息化建设，对提升学生对动植物检验检疫工作的重要性和基本技术的认识具有重要意义。

随着国家教育信息化战略的深入推进，大数据在提升动植物检验检疫学教学效果方面将发挥重要作用。通过积累和二次开发传统教育资源，大数据有助于建立新型教学生态、改造教学流程和变革教学结构。引入数据驱动的课堂教学模式，精准分析学生学习行为和需求，为教师提供更精确的教学指导，从而提高教学质量和学生的学习效果。其现实意义和理论意义体现在：

（1）利用教育信息化技术，教师可改革传统教学方式，与国内优秀课程平台紧密结合，利用雨课堂等工具建设教学资源。这包括构建完备的课程教导体系、师生互动平台和安全快速的课程备份资源。作为理工科的重要应用学科，动植物检验检疫学教学模式的成功改革将有力推动我国工科学科教育改革。引入先进的信息技术，教师可以更好地满足学生的学习需求，提高教学效果和学生的学习体验。这将有助于培养更多具备创新能力和实践能力的优秀人才，为国家的科技进步和社会发展做出贡献。

（2）借助数据驱动，教师能够实现精准教学，充分发挥主导作用，同时为学生提供个性化教育。这不仅能深度挖掘学生自主学习的动力，还能找到传统与改革之间的平衡点，真正以学生为中心，全面激发学生的积极性。

（3）教师可通过建立共享系统，为全校师生和其他学员提供优质教育资源服务，并不断更新信息技术，实现优质资源共享。这有助于完善大学生人才培养体系，提高创新型人才培养效率，充分发挥高等教育服务社会和培养人才的社会职能。

二、数据驱动下精准教学的效果

随着信息技术的飞速发展，Blackboard 平台、微课、雨课堂和翻转课堂等多样化的教育教学形式和技术应运而生。在特殊时期，全国高校教师纷纷采用网络授课模式，确保教学进度不受影响。这些技术不仅丰富了教学手段，还提高了教学质量和学生的学习体验。上述形式与技术的出现及应用对精准教学的效果主要体现在以下几个方面。

（1）为实现《动植物检验检疫学》学习情况的常态化和便捷的有痕采集，建立常态化的学业数据有痕采集体系至关重要。在学情大数据尚未建立的情况下，精准教学效果无法最大化，智慧教学也无法充分发挥效果。为此，授课团队可以设计"网上设计问卷-网上考试"方案，通过高效的问卷或试卷数据采集方式，极大地提高教学效率。平台的搭建与完善保障了数据收集效率，实施该方案可以让教师及时了解学生学习情况，更好地指导学生，提高教学效果。

（2）该平台能够提高精准教学的精准化程度。授课教师通过多维度的数据分析，可以全面了解学生的学习效果。可以查看学生的学情报告和期末考试成绩单，逐题分析作业难度和完成情况。这些详细数据形成一份完整的分析报告，为后期复习的学生提供有针对性的指导。通过调阅这些报告，授课教师能够准确地纠正学生的错误，实现精准辅导和滚动教学。精准的数据驱动评价显著提高了评价的准确性，缩短了评价时间，保证了新课的课时，从而提高了课堂教学和辅导的整体效率。

（3）上述电子教育平台显著提高了学生个性化学习的程度。由于当前教学手段和资源的限制，个性化学习尚未完全实现。学生的学习进度和体验存在差异，随着学业任务的增加，学生建立的知识结构也各具特色。该平台能自动记录每位学生的学习状态和知识点漏洞，教师可针对性地推送个性化教学资源。长期来看，教师可为每位学生提供定制的、有针对性的课程学习资源，以实现个性化教育。然而，由于当前阶段教学手段和资源的限制，这一目标尚未完全实现。随着信息技术的发展，电子教育平台不断更新和完善，教师可常态化采集学业数据，运用云计算和云存储进行精准分析。在此基础上，教师可依据每个学生的学习状况制定针对性的教学资源，如现象分析、测试题、微课、作业、视频等。本课程教师已实现针对一届学生作业的精准个性化推送。

（4）通过计算机软件系统或手机应用，动植物检验检疫学课程的授课教师能实时掌握学生成绩，包括作业、考试总分和平均分，以及每个小题的得分率。这不仅提高教师间的沟通效率，还简化教育管理，促进教师的专业成长。此外，比较作业和测试跟踪图，教师能了解学生表现是否一致，及时采取干预措施。

（5）动植物检验检疫学课程的校本资源建设得以实现常态化。通过常态化数据采集，电子教育平台自动收录案例、试题和考卷至《动植物检验检疫学》题库。本校题库逐步建立、经多轮教学实践，构建本校风格题库至关重要。知识点对每位学生都是全新的，教师只需更新部分内容满足学生需求。习题和试卷来自学生日常练习，已划分数据属性，可直接用于下届学生。教师分析学生反馈，明确作业需求，实现教学内容多样性、个性化、典型性和分层性，提升教师标准化及信息化水平，实时掌握学生需求并调整。

三、结　　论

大数据技术的飞速发展已成为推动社会进步的关键力量。在此背景下，传统教学模式应与时俱进，以动植物检验检疫学课程改革为契机，积极推动高等教育向精准教育转变。该变革对提高我国高校教学质量具有深远意义。高校教师应积极探索新兴技术如大数据、云计算和物联网在高等教育改革中的应用，以增强高等教育的精准性和个性化，更好地满足学生的学习需求，提高教育质量。

参 考 文 献

白文荣. 2020. 虚拟化教育教学平台精准服务模式的研究[J]. 教育教学论坛，（5）：5-6

陈煜，刘俊，崔英杰. 2021. 基于SPOC翻转课堂的高职课程混合式精准教学探究[J]. 深圳信息职业技术学院学报，19（6）：70-75

代海涛，赵良中. 2022. 基于大数据驱动的高校精准教学模式实践研究[J]. 绿色科技，24（7）：265-267

管小青. 2021. 精准教学与协同育人：高职院校课程思政建设的两个着力点[J]. 高等职业教育探索，20（6）：15-19

郭利明，杨现民，张瑶. 2019. 大数据时代精准教学的新发展与价值取向分析[J]. 电化教育研究，40（10）：76-81，88

郭庆彪，吕鑫，赵兴旺，等. 2022. 面向大数据精准教学的课程教学模式研究[J]. 吉林农业科技学院学报，31（3）：100-103，121

姜倩，李艳，钱圣凡. 2020. 基于大数据的高校精准教学模式构建研究[J]. 高教探索，（11）：31-35

姜倩，刘智. 2021. 大数据背景下高校精准教学的实践困境及对策研究[J]. 高教探索，（8）：54-58

李强，徐翠婷. 2019. 智慧校园背景下的高职院校翻转课堂的精准教学研究[J]. 智库时代，（35）：128，131.

李武，杨瑞丽. 2013. 食品类专业《动植物检验检疫》教学方法探索[J]. 中国科教创新导刊，（32）：119，121

李晓，刘正刚. 2020. 大数据形成性评价下的翻转课堂精准教学模式[J]. 杭州电子科技大学学报（社会科学版），16（3）：64-68

李正，罗征，孙雨，等. 2019. 大数据分析应用于高校精准教学与管理的探索[J]. 中国教育信息化，（17）：9-12

马晓艳，陈英. 2021. 大数据驱动下精准教学模式的构建及应用[J]. 创新创业理论研究与实践，4（10）：110-112

彭晓玲, 吴忭. 2021. "数据驱动的精准教学"何以可能?——基于培养教师数据智慧的视角[J]. 华东师范大学学报 (教育科学版), 39 (8): 45-56

宋学宏. 2017. 食品专业"动植物检验检疫学"教学改革与实践[J]. 教育现代化, 4 (52): 52-54

万力勇, 黄志芳, 黄焕. 2019. 大数据驱动的精准教学: 操作框架与实施路径[J]. 现代教育技术, 29 (1): 31-37

万力勇, 易新涛. 2022. 人工智能驱动的高校思想政治理论课精准教学: 实施框架与实现路径[J]. 思想教育研究, (4): 110-115

王伟. 2020. "雨课堂"在"动植物检验检疫"课程教学中的应用与研究[J]. 教育教学论坛, (53): 247-248

相兴伟, 吕飞, 顾赛麒, 等. 2021. 食品质量与安全专业动植物检验检疫学核心课程建设研究[J]. 产业与科技论坛, 20 (11): 265-266

杨眉, 霍婷婷, 张永芳, 等. 2021. 课程思政目标导向下精准教学的设计与实现——以教育学一节课为例[J]. 陕西教育 (高教), (10): 8-9

张春华, 白晓晶, 吴莎莎, 等. 2021. 数据技术支持下的教学创新与变革——《2020 基础教育创新驱动力报告》解读与启示[J]. 开放学习研究, 26 (2): 38-45

张广云. 2020. 基于微课的线上线下混合式精准教学的研究与实践[J]. 现代职业教育, (13): 80-81

张捷, 王国良. 2010. 动植物检验检疫实验教学改革探索[J]. 浙江万里学院学报, 23 (5): 109-112

（主要执笔：张婵　曹锦轩　李金旺　王颖　赵芬　郑玲燕）